# VIVIR EN ABUNDANCIA DE LA MANO DE LOS ÁNGELES

Angélica Bovino

# VIVIR EN ABUNDANCIA DE LA MANO DE LOS ÁNGELES

URANO
Argentina – Chile – Colombia – España
Estados Unidos – México – Perú – Uruguay – Venezuela

# Dedicatoria

A Jesús, a quien entregué este libro.

Gracias por tomar mi mano y llevarme por el camino de la abundancia, de la luz y del amor incondicional.

A Ana y Milo, gracias por ser mis compañeros de viaje en este proceso que llamamos vida, gracias por haberme elegido como su mamá, por ser mis más grandes maestros y enseñarme el verdadero significado de la palabra Abundancia. Los amo. Este libro es para ustedes. Hoy y siempre.

Dedicatoria

# Índice

# Agradecimientos

Volteo la mirada hacia atrás y observo los últimos nueve años de mi vida y no puedo menos que sonreír. Años de ir cuesta arriba, de aprendizaje, a veces de sufrimiento, otras de crecimiento, pero sobre todo de muchas bendiciones. ¡GRACIAS!

Unos días antes de escribir estas líneas, tuve la enorme fortuna, por azares del destino, de dar un curso en las instalaciones del Instituto Humanista de Psicoterapia Gestalt, mi casa de estudios y posiblemente el lugar donde inicié el viaje hacia mi propia plenitud. Al estar en una de las meditaciones me di cuenta de que estaba ahí para completar un ciclo que había iniciado nueve años atrás, posiblemente en ese mismo lugar. Fue interesante ver cómo me fui transformando, cómo crecí, cómo evolucioné hasta llegar a ser la mujer que soy hoy. Fue muy hermoso hacer el recuento del camino andado, de cada paso dado y de los logros alcanzados. También vi las caídas, los momentos de crisis y desesperación, las angustias y, junto con esto, mi fortaleza, mi fe inquebrantable, mi esperanza, mi amor por la vida y todo lo que me ha hecho cada día ponerme de pie y seguir adelante. Hoy me veo siendo quien soy, autónoma, plena, completa, abundante, dueña de mi vida y de mi destino; y entiendo que no podría ser YO si no hubiera pasado por todo lo que pasé, si no hubiera aprendido todo lo que aprendí y si no hubiera vivido todo lo que viví. Hoy no puedo menos que tener el corazón lleno de agradecimiento.

Gracias Dios por llevarme de la mano en este camino, por ser mi Padre Amoroso. Porque vas más allá de mis sueños y expectativas, ayudándome a crear una vida extraordinaria, que yo ni siquiera hubiese podido imaginar. Gracias Dios por mostrarme lo verdaderamente importante, por enseñarme a vivir desde el corazón. Por tu cercanía, por tu amor y por hacerte presente en cada momento. Te amo.

Gracias mi adorado Jesús por tus brazos siempre abiertos para mí, por caminar a mi lado y por dejarme caminar junto a ti, por cargarme cuando he sentido que no puedo más, por bailar conmigo en las noches de insomnio y por llenar mi corazón de luz cada mañana, gracias por enseñarme a ser compasiva como tú, por enseñarme a amar sin esperar nada a cambio. Gracias por mostrarme que lo más hermoso de la vida lo encuentro en lo más sencillo y humilde. Gracias por manifestarte cada día en mi vida de mil maneras y por amarme tanto.

Gracias Arcángel Miguel por empujarme cada día, por llevarme más allá de mis límites, por mostrarme mi propia grandeza e impulsarme a ser cada día mejor. Gracias por ayudarme a ser más valiente, a sobreponerme a mis miedos y a caminar a pesar de ellos. Gracias por dejarme ver todo mi potencial. Te amo.

Gracias a todos mis arcángeles, cada uno de ellos me ha enseñado un aspecto particular de este libro, gracias a mis ángeles Micaelito y Atenea, los amo.

Gracias a mi madre María, que me cobija día a día con su manto estrellado y a todos los maestros ascendidos que me acompañan en este caminar espiritual.

Gracias a mis maestros terrenales Myriam, Doreen, Deborah y a todos los que, a través de sus enseñanzas, han tocado este loco e inquieto corazón que busca insaciablemente seguir creciendo y aprendiendo.

Gracias a mis padres, siempre presentes en mi mente y en mi corazón. Gracias porque aun en la ausencia y distancia sigo sintiendo día a día su presencia. Me siento afortunada de saber que de ambos heredé un hermoso linaje que me permite pertenecer a dos familias maravillosas, gracias.

A mis chaparros hermosos: Ana y Milo porque ustedes son el verdadero significado de la abundancia en mi vida. Gracias.

A Adriana, Alex, Jorge, Robert, Ram, Marce, Bibi, Clau, Rodo y Pam. Gracias por su apoyo incansable, por estar presente siempre y por todo su cariño.

A mi familia elegida, mis amigos, a los que siempre han estado, a los que se fueron (y con su partida me dieron grandes lecciones) y a los que apenas llegaron, gracias por estar, gracias por coincidir, gracias por disfrutar de la vida juntos.

A mi súper equipo de trabajo: Gracias Kary, gracias Soco, gracias Diana, gracias Luis. Sin ustedes definitivamente esto no sería posible. Somos un gran equipo. Los amo.

A Idalia, Fernando, Gina, Pedro, Marce, Ana Lidia, Judith, Nayelli, Janina, Clara y Carlos por llevarme cada día más lejos y ayudarme a tocar más y más corazones.

A cada uno de mis pacientes, consultantes y alumnos, quienes han sido en realidad mis grandes maestros. Gracias por su confianza, gracias por compartir, gracias por dejarme ser testigo de cada una de sus historias, gracias por permitirme la enorme fortuna de verlos florecer. Gracias.

A Ángeles en tu Vida y a cada una de las personas que lo conforman, gracias, porque esto lo hemos creado juntos: cada uno de ustedes y yo.

Gracias a mi editorial, en particular a Larisa, por seguir creyendo en mí y apostarle a este loco proyecto de seguir sembrando luz en los corazones lectores.

Gracias a la cadena de tiendas Liverpool por todo el soporte recibido y a cada una de las personas que han colaborado y apoyado la realización de firmas de libros y conferencias. Gracias.

Gracias a la vida que cada día me trae una nueva sorpresa, una nueva bendición.

Gracias a mi espíritu libre que no se está quieto, que no se conforma, que busca respuestas y que quiere, ante todo, ser abundante y vivir en plenitud.

# Introducción

En el año 2009, a partir de haberme divorciado, mi vida dio un vuelco de 180° y cambiaron radicalmente todos los aspectos que la conformaban. La parte más obvia y esperada fue la situación de pareja, ya que estaba acostumbrada a estar acompañada, a sentir un respaldo, a despertar junto a mi ex pareja y a saber que, sucediera lo que sucediera, él estaría ahí. Al terminarse la pareja, no solamente se resquebrajó lo obvio, sino que se rompieron muchas cosas más.

En mi caso se rompió el concepto de familia —mamá, papá, hijo e hija—. Al ver familias enteras caminando en un centro comercial, entendí que nunca más volveríamos a ser los mismos. Se perdieron relaciones de amistad; personas que pensé que nunca dejarían de estar en mi vida, desaparecieron sin más; algunas otras simplemente «tomaron partido» (como si fuera necesario) de uno u otro bando.

Los lazos que se forman con la familia política, tristemente, es inevitable que se corten al existir un divorcio, diluyendo así relaciones que en ocasiones pueden resultar hasta más significativas que las de la propia familia.

Otro aspecto que cambió de manera abrupta en mi vida fue el económico. En mi matrimonio, la situación financiera estaba bastante resuelta, se podría decir que hasta holgada. Al divorciarme perdí muchos de estos privilegios bajando mi nivel socioeconómico: de vivir en una casa de 387 m², me cambié a un departamento de

130 m²; de manejar una camioneta del año, tuve que comprar un auto pequeño.

Mis ingresos también fueron en detrimento. Independientemente de que recibía una pensión para la manutención de mis hijos, no era suficiente y coincidentemente, en mi consultorio, comencé a quedarme sin pacientes. Todo parecía ir en mi contra. En aquella época contaba con tres tarjetas de crédito, cuyos límites, por alguna razón desconocida, eran altísimos. Gracias a estas tres tarjetas fue que pude salir adelante durante casi un año que duró mi agonía. Los resultados fueron: deudas altísimas, ingresos bajísimos y, como todo, llegó el momento en el que saturé las tarjetas y no tenía con qué pagar los compromisos adquiridos. Tuve que cambiar costumbres, hábitos, gustos, en fin, la vida de mi familia se transformó.

Tengo que decir que el año posterior a mi divorcio fue un parteaguas y lo puedo considerar uno de los años de mayores contrastes en mi vida. Por un lado, supe lo que era vivir en la angustia, la preocupación constante, la desesperanza y la carencia. Por ejemplo, todavía recuerdo el hoyo que sentía en el estómago al acercarme a la caja del supermercado o cuando llegaba el fin de semana y yo tenía solo un billete en mi bolsa con el cual podía comprar algo para la despensa, ponerle gasolina al coche o llevar a los niños al cine (eso sí, sin palomitas).

Sin embargo, por otra parte, fue un año de grandes bendiciones: aprendí a sostenerme sobre mis propios pies (¡al principio me temblaban las piernas!). De verdad entendí que dentro de mí existen la capacidad y la fuerza para salir adelante. Valoré a mis amigos, aquellos que estuvieron conmigo en esos momentos, quienes me ayudaron, pero sobre todo a los que creyeron en mí y me impulsaron de una u otra forma a salir adelante. Me acerqué y fortalecí los vínculos que me unen a mis hijos; aprendimos a conocernos más, a platicar más, a decirnos más veces «te quiero». Me volví creativa; en esos fines de semana sin dinero y con dos niños pequeños en casa, tuve que inventar grandes cosas, como ir a volar papalotes al campo o ir a pescar truchas en un parque nacional. Todavía recuerdo ese día de pesca, al ir de regreso en el coche, mi hijo más pequeño me dijo: «¡Mami, este ha sido el mejor domingo de mi vida!». La verdad es que de haber tenido más dinero hubiéramos terminado en un restaurante o en un centro comercial y nos hubiéramos perdido de toda la magia que encontramos en esos momentos.

Sin duda, los aprendizajes más importantes que tuve en esa época fueron en torno a la abundancia: ¿Qué es? ¿Dónde se encuentra? ¿Cómo se manifiesta? ¿Cómo se reproduce?

También en algunos momentos de aquel año le reclamé a Dios y a mis ángeles: ¿No iban a ayudarme? ¡Me dijeron que todo iba a estar bien! Hoy entiendo que todo lo que sucedió tuvo su razón de ser; fue una gran lección que hoy agradezco profundamente.

Actualmente, luego de aquel año fatídico y maravilloso, todas mis tarjetas están liquidadas al 100%, estoy en un mejor consultorio, mi agenda de terapias está llena, doy cursos y talleres con mucho éxito, he escrito dos libros y un cuento infantil, cambié mi coche por otro mucho mejor, he viajado a donde he querido, mi situación profesional y económica sigue creciendo día tras día, he corrido siete maratones. Me siento sana y cada vez vivo de una manera más saludable. He aprendido muchas cosas sobre mí misma, entre ellas, a reconocer mi grandeza, mi propia Divinidad, estoy rodeada de amigos entrañables a los que amo, tengo una relación de amor, armonía y confianza con mis hijos (ahora ya adolescentes), tengo una excelente relación de cariño, respeto y buena voluntad con el papá de mis hijos, sigo estudiando y por si fuera poco tengo una conexión cada día más plena con el Creador, con sus ángeles y con sus arcángeles.

Sin duda, todo esto no hubiera podido ser posible sin la ayuda de los hermosos ángeles y sin sus enseñanzas sobre la abundancia y cómo manifestarla.

Pretendo, a través de este libro, plasmar todas estas enseñanzas sobre la abundancia que he recibido amorosamente de mis ángeles. Deseo compartir, a través de estas páginas, todo aquello que aprendí y que hoy se ha vuelto para mí una forma de vida, con el fin de que estas valiosas lecciones lleguen a todo aquel que esté dispuesto a recibirlas.

En este libro encontrarás, querido lector, conceptos e ideas, anécdotas, ejemplos, mensajes de los ángeles y ejercicios que te ayudarán a interiorizar estos conocimientos. Cabe mencionar que todas las anécdotas y ejemplos que describo son reales y, por razones de respeto, privacidad y ética profesional, en todos los casos, he cambiado los nombres de los protagonistas.

Elegí retomar algunos mensajes de los ángeles, recibidos en escritura automática y publicados en mi anterior libro *ESCUCHA A TUS ÁNGELES CON EL CORAZÓN*, ya que los considero de vital importancia para los temas que trataremos, aunque la mayoría de los mensajes que se presentan en este libro son inéditos. Verás que muchos están dirigidos en femenino "Mi niña hermosa… Querida mía" ya que me fueron dictados a mí y no quise modificarlos, pero no importa si eres hombre o mujer, los mensajes de los ángeles son también para ti.

Espero que, al igual que lo hicieron conmigo, los ángeles cambien tu vida y la conviertan en una sucesión de milagros.

Sinceramente,
Angélica.

# 1
# ¿Qué es la abundancia?

La pregunta obligada para iniciar este libro es: ¿Qué es la abundancia? Y es que, en estos últimos tiempos, al parecer, se habla mucho de ella. Me parece que es una palabra un poco "comodina", de esas que se pueden utilizar de varias formas, de tal manera que, para algunos, abundancia puede significar una gran cantidad de algo o para otros puede significar riqueza o bienestar económico.

Según lo que me han enseñado los ángeles, la abundancia sí abarca estos dos conceptos, pero va mucho más lejos aún. Cuando hablamos de abundancia estamos hablando de una gran cantidad de aquello que nos hace felices, incluyendo el bienestar económico, entre muchas otras cosas.

La abundancia, entonces, abarca todos aquellos aspectos que aportan **gracia** a tu vida, es decir, felicidad, armonía, paz, cercanía, amor, tranquilidad, etcétera. O dicho de una forma diferente: la abundancia está compuesta por todos aquellos factores que **nutren** tu existencia, que te hacen crecer y ser un mejor ser humano.

Concluyendo: la abundancia la constituyen todos aquellos factores positivos en nuestra existencia.

## ¿En dónde se encuentra la abundancia?

Pues, durante siglos pensamos que la abundancia y más aún, la felicidad, se encontraba en la riqueza material, en la acumulación de bienes y en el bienestar económico. Todavía en el presente vivimos en una sociedad enfocada hacia el desarrollo económico más que en el desarrollo humano. Las personas estudian una carrera y trabajan por forjarse un capital que posteriormente les permita tener un ahorro significativo para su vejez.

En muchos de los casos las personas trabajan toda su vida para lograr el tan anhelado ahorro, incluso pensando y haciendo planes para que el día que se retiren tengan el dinero (y el tiempo) para hacer esto o aquello, sin darse cuenta de que llegará ese día y quizá tendrán el dinero (en el mejor de los casos), pero no tendrán ni la energía, ni las fuerzas, ni las ganas y quizá ni la salud para hacerlo.

Y es ahí donde el ser humano empieza a vivir en automático, trabajando todos los días, haciendo una vida rutinaria y a veces aburrida, dejando a la familia, en ocasiones a los amigos y hasta la vida propia por ir tras una zanahoria que quién sabe si llegará en su momento. En este esquema de vida automatizado el ser humano deja de vivir en el hoy y empieza a vivir «para el día que logre tal o cual cosa»; el ser humano se pierde de sí mismo, se entrega por completo al sueño de que, si hoy se esfuerza lo suficiente, mañana podrá hacer lo que desee.

Me ha tocado ver en el consultorio casos de pacientes quienes, al entrar en este ritmo automático, se olvidan de quiénes son, de sus gustos, de sus talentos; en fin, de sí mismos. Es como si estuvieran muertos en vida. En la rutina, en el tedio, en el deber ser, y ahí, no está la tan anhelada abundancia.

La abundancia está en llevar a cabo lo que te hace feliz… «*¿Y cómo saber qué es lo que me hace feliz? Está en el desarrollo de tus pasiones… ¿Y a mí qué me apasiona? Está en generar vínculos fuertes* *con los que amas… No sé cómo acercarme a ellos o me da miedo. Está en perseguir tus sueños… ¿Cuáles son mis sueños?».*

Definitivamente la abundancia no es algo que se adquiera en el mercado, no va a venir de un lugar exterior hacia cada uno de nosotros. La abundancia es un traje a la medida, hecho por y para cada individuo. El único capaz de crear su propia abundancia es uno mismo, nadie lo puede hacer por el otro. Se construye con base en los más profundos deseos de cada quien y la única forma de conocerlos es ser capaz de abrir el corazón y ver qué hay adentro. Esto, para muchos, es un acto de valentía, de coraje, ya que da miedo encontrar y revivir cosas o situaciones que creemos superadas o perdidas en el pasado. Vale la pena correr el riesgo.

Concluyendo: el único lugar en el que se encuentra la tan anhelada abundancia es en el interior de cada uno de nosotros. La abundancia no viene de afuera a generar un sentimiento de alegría o de felicidad. Va de adentro hacia afuera, generando la acción que posteriormente propiciará un sentimiento de felicidad. La encontramos en forma de nuestros sueños, anhelos, gustos, talentos, misión de vida, en fin, en todas aquellas cosas que nutren nuestra existencia y nos hacen ser felices.

*Este es el caso de Roberto, esposo y padre de familia, quien desde hace 18 años trabaja en la misma empresa en el área de Contabilidad, haciendo una labor que, en un principio, no dominaba del todo pero que le parecía interesante, con el tiempo, la aprendió y la dominó de tal forma que hasta la comenzó a encontrar aburrida. Tras tantos años en el mismo puesto no ha habido oportunidades de crecimiento en la empresa. Todos los días entra a trabajar a las 9:00, come en el comedor de las oficinas y sale a las 18:00 hrs., (eso cuando no tiene que quedarse más tarde por la carga de trabajo).*

*Antes, cuando llegaba a casa veía un poco de televisión, cenaba con su familia y descansaba. Su objetivo en la vida era proveer a su familia de todo lo necesario para que tuvieran una vida cómoda y lo lograba bastante bien.*

*Roberto no era feliz en su trabajo, de hecho, a pesar de amar profundamente a su familia, no era feliz con su vida. Le costaba trabajo acercarse a su esposa y a sus hijos, sentía un hueco terrible en el pecho, como que algo le hacía falta. A veces, a pesar de tener la situación económica «resuelta», sentía palpitaciones, le sudaban las manos y le faltaba el aire, síntomas claros de ansiedad. Esto fue lo que lo hizo buscar ayuda terapéutica.*

*Cuando empezamos con el trabajo terapéutico yo le preguntaba a Roberto ¿qué es lo que te gusta hacer?, ¿si tuvieras todo el tiempo del mundo, a que lo dedicarías? La respuesta de él era «no sé». Si yo le preguntaba ¿para qué eres bueno, además de tu trabajo, qué talentos tienes? Su respuesta era «no sé», y así sucesivamente. Todo esto denotaba una completa y absoluta desconexión de sí mismo y de la vida.*

*Conforme fuimos avanzando en la terapia, Roberto fue recordando a qué jugaba cuando era niño; me platicó de cuánto disfrutaba armar cochecitos a escala y de lo mucho que le gustaba salir a andar en bicicleta con sus amigos. En alguna sesión hablamos de lo mucho que le emocionó un día cocinar para sus amigos, aunque él dice que no sabía hacerlo, asegura que el platillo quedó delicioso. De niño Roberto soñaba con conocer Inglaterra y tomarse una foto bajo el Big Ben. Uno de los momentos que más había disfrutado en su vida fue una ocasión en que se fue de misionero a la sierra de Chihuahua, siendo adolescente; todo esto, entre muchas otras cosas.*

*Mientras Roberto iba recuperando su historia y en ella las partes perdidas de sí mismo, su cara iba cambiando, literalmente se iba iluminando. La energía de su aura también iba cambiando, pasando de tonos grises y verdosos —que hablan de tristeza, depresión, ansiedad— a tonos más vivos y coloridos, relacionados definitivamente con estar conectado con la vida.*

*Por supuesto que para llegar a este punto, Roberto tuvo que pasar por varias situaciones: junto con los recuerdos bellos de su infancia, también revivió algunos momentos de tristeza, desolación y dolor, mismos que fuimos sanando. Junto con sus sueños y sus logros desenterramos el miedo y el no sentirse lo suficientemente capaz de lograr sus objetivos.* Roberto tuvo que reconocer que todos aquellos momentos difíciles también le ayudaron a desarrollar otros aspectos positivos en sí mismo y le dejaron grandes aprendizajes en su vida. Roberto aprendió por qué le costaba tanto trabajo acercarse a los que ama y cuáles eran los bloqueos que tenía en su corazón. En fin, logró un gran crecimiento como ser humano.

Hoy, Roberto retomó su pasión por armar coches y aviones de modelaje, actividad que a veces lleva a cabo con su hijo pequeño, quien ha resultado muy bueno en este rubro. Encontró en Facebook un grupo de personas a nivel mundial que lo hacen y a través de la página web comparten algunos tips, fotografías, eventos, etcétera. Descubrió que el año que entra la Expo Mundial de Figuras de Modelaje será en Inglaterra y está ahorrando para ir junto con su esposa y así poder tomarse su foto bajo el Big Ben.

A pesar de sentirse «viejo», a sus 48 años, se animó a volver a andar en bicicleta; empezó primero en las calles de la ciudad, en donde conoció a otros ciclistas, quienes lo invitan todos los sábados por la mañana a «rodar». Se divierte mucho, al hacerlo se siente libre y rejuvenecido, gracias a esto también ya está bajando de peso y se siente mejor consigo mismo.

Él y su esposa entraron a un curso de cocina, estuvieron platicando y están haciendo planes para en un futuro montar un negocio de catering, mismo que desarrollará de manera paralela a su trabajo actual. Gracias a este nuevo plan, su esposa y él se han acercado más y han renovado su relación.

Por último, una vez al mes, Roberto dedica sus domingos a ayudar en el dispensario de la iglesia. Ha encontrado que siente un profundo gozo y satisfacción en servir a los demás.

Por lo pronto sigue trabajando en el mismo lugar, tiene el mismo puesto, sin embargo, algo cambió en él, ha aprendido a apreciar lo positivo en todo lo que hay en su vida, a ser agradecido y a poner su corazón en lo que hace; y esto, le permite que todo sea diferente.

## EJERCICIO N.º 1: ¿QUÉ NUTRE A MI ALMA?

1. Cierra tus ojos, concéntrate en tu ritmo respiratorio. Observa cómo entra el aire a tu cuerpo y cómo sale. Trata de hacerlo cada vez más profundo y más despacio hasta que logres hacer varias respiraciones profundas.

2. Observa a tu cuerpo físico e imagina que lo vas pintando de algún color en particular, el que tú elijas. Visualiza cómo al inhalar llevas ese color a tu cuerpo y lo vas distribuyendo por sus diferentes partes. Siente cómo este color te va relajando.

3. Invoca la presencia de tus ángeles y en especial la del arcángel Jeremiel para que te ayuden a llevar a cabo este ejercicio.

4. Con tu mente traza un recorrido por tu vida como es actualmente. ¿Cuáles son tus actividades cotidianas? ¿Cuánto tiempo dedicas a cada una de ellas? ¿Existe un balance en todos los aspectos de tu vida? ¿Le das la misma importancia a tu trabajo, a tu cuerpo, a tus relaciones, a la posibilidad de seguirte desarrollando, a tus pasiones, a tu relación con Dios? ¿Cuáles son los elementos predominantes en tu vida diaria? De todas estas actividades que realizas, ¿cuáles haces en automático? ¿Cuáles llevas a cabo desde la conciencia? ¿Cuáles te gustan? ¿Cuáles no te gustan? ¿Cuáles en realidad te resultan nutritivas?

5. Una vez teniendo una idea clara de cómo es tu vida hoy, pide a tus ángeles que te muestren: ¿Que podrías estar haciendo hoy diferente? ¿Cómo podrías tener una vida más plena? ¿Qué tipo de actividades podrías realizar hoy, que puedan ser nutritivas para tu espíritu?

6. Permite a tus ángeles que te enseñen los trozos de esencia que fuiste dejando en el camino, los pedacitos de pasiones que fuiste soltando quizá por falta de tiempo o porque creías que ya no estaban

de acuerdo a la etapa que estabas viviendo o por miedo al qué dirán... Deja que te ayuden a tomar conciencia de tus talentos, de tus habilidades, tus gustos y tus pasiones.

7.  Por último, observa cómo podrías retomar hoy esas pasiones, esas habilidades y de qué manera podrías nutrir tu vida hoy a partir de desarrollarlas.

8.  Deja que los ángeles te muestren qué más podrías estar haciendo hoy para tener una vida más abundante, de mayor plenitud.

9.  Agradece a los ángeles su ayuda y regresa a tu respiración.

10. Respira lento y profundo, tomando conciencia del color con el que pintaste tu cuerpo; ahora, en cada exhalación, ve liberando ese color.

11. Poco a poco ve regresando al aquí y al ahora. Mueve tus manos, tus pies. Respira profundo y abre los ojos.

12. Hazte consciente de lo recibido en esta meditación.

## Abundancia y plenitud

Vivir en ABUNDANCIA equivaldría a tener una vida **nutrida** en experiencias positivas, llena de aspectos y de situaciones que generan momentos felices. Dicho así, la palabra abundancia suena muy parecida a la palabra PLENITUD.

Y es que una vida abundante en aspectos positivos se convierte inmediatamente en una vida plena.

*Los ángeles me hablan en metáforas. Cuando me divorcié, constantemente me mostraban una isla desierta y me decían que esta isla era mi vida y que yo tenía que construirla a mi antojo, que dentro de mí existía la capacidad de CREAR mi vida/isla como yo quisiera. En meditación me pidieron que la visualizara, que imaginara qué elementos me gusta-ría que tuviera, quiénes quería que vivieran en ella, quiénes la visita-rían, cómo sería el ambiente, cómo me sentiría al estar ahí.*

*Así, yo visualizaba mi isla como un lugar muy cómodo donde tenía todo lo que necesitaba a mi alcance. Me imaginé que tenía una casa muy hermosa en donde reinaba la armonía. Mi isla tenía mi consultorio y un lugar cerca de la naturaleza para dar mis cursos; había un pequeño parque de diversiones en donde mis hijos eran felices y una pista de correr para que yo entrenara todas las mañanas. Había también un lugar sagrado en donde hacía meditación y me conectaba con Dios y con mis ángeles.*

*Ahora que veo esta imagen en retrospectiva, me doy cuenta de que todo lo que visualicé en mi isla se cumplió; claro, no de manera literal, pero hoy considero que tengo una vida cómoda, en donde todas mis nece-sidades y deseos se cumplen con facilidad. En mi casa sigue reinando la armonía, mi trabajo sigue siendo fuente de grandes satisfacciones y he dado mis cursos en lugares hermosos e inimaginables como a la orilla de un río, en la cima de una montaña y en una playa paradisíaca. Creo que mis hijos han tenido, dentro de lo que cabe, una niñez/adolescencia feliz. Yo he continuado realizando mi deporte favorito que es correr y mi cone-xión con Dios y mis ángeles cada día es mejor.*

*Algún día, mientras hablaba de mi isla en una de mis sesiones de terapia, mi terapeuta me solicitó que le diera un nombre a mi isla, yo la llamé «Plenitud».*

## Permítenos ayudarte a descubrir el paraíso

*Queridos míos:*

*Ustedes aprendieron que la vida era una y que todo lo que hicieran en esta vida les abriría o no las puertas del paraíso. Como si llegar a vivir junto al Padre y en plenitud fuera algo lejano y ajeno a* ustedes, que solamente se podrían ganar a partir de su buen comportamiento en esta vida terrenal.

Nosotros, los ángeles, queremos abrirles los ojos y mostrarles la realidad. Queremos que entiendan que están equivocados y que no se demoren más en abrirse a una nueva posibilidad. Necesitan saber que Dios Padre, es un padre bueno y amoroso, que desde siempre ha estado acompañándolos a cada uno de ustedes en este proceso que llaman vida. Necesitan reconocer que es Dios Padre quien nos envía a nosotros sus mensajeros a acompañarlos, guiarlos, protegerlos y amarlos, para ayudarles a salir del miedo y para que aprendan a vibrar en la frecuencia más alta que es el amor incondicional.

Dios Padre se vive y se experimenta a través de su propia creación, es decir, a través de la vida de cada uno de ustedes y es su deseo de padre amoroso que vivan en plenitud. Nosotros estamos aquí para mostrarles los caminos hacia esa plenitud, para enseñarles que el verdadero paraíso no es algo ajeno a ustedes, que sucederá en otro tiempo; queremos hacerles ver que la iluminación no vendrá después del momento de su muerte.

Dios está aquí, en este momento junto a ti, abrazándote y alentándote a que te descubras como un ser ya iluminado. Dios vive presente en ti, así como en cada persona y objeto que te rodea. Dios quiere que te descubras como su hijo muy amado, que abras los ojos para observar que el verdadero paraíso es aquí y ahora, solo es cuestión de que tú te decidas a tomarlo y vivir en él.

Déjanos ayudarte en el camino de descubrir el paraíso y sentirte merecedor de recibirlo. Déjanos acompañarte, guiarte y amarte en cada paso de este proceso. Dios te ama y quiere verte feliz, al igual que nosotros, los ángeles que te acompañamos.

Hoy y siempre.
Arcángel Miguel

## EJERCICIO N.º 2: CONSTRUYE TU REALIDAD

1. Cierra tus ojos y «observa» tu ritmo respiratorio, trata de respirar de manera más pausada, poniendo toda tu conciencia en tu respiración.

2. Con tu mente ve haciendo un recorrido por tu cuerpo físico, sosteniendo la intención de relajarte, poniendo especial énfasis en aquellos lugares que se encuentren en tensión.

3. Pide la presencia de tus ángeles para ayudarte en este ejercicio.

4. En tu mente, visualiza que estás en un viaje, vas en una pequeña barca con las personas que más amas. ¿Quiénes están contigo?

5. Voltea hacia atrás y observa todo lo que tuviste que dejar para hacer este viaje, toma consciencia de todo aquello que tuviste que soltar, las situaciones y/o personas que ya no te dejaban crecer y ya no eran nutritivas para ti, los sentimientos, pensamientos, hábitos y costumbres que te estorbaban, todo lo que cargabas de otras personas y que no estaba en tus manos resolver. Observa todo lo que ya no cupo en tu pequeña barca y todo ese peso que tuviste que liberar para no hundirte.

6. Ahora toma conciencia del equipaje que llevas en tu pequeña barca... ¿Qué sí decidiste llevar contigo? ¿Cuáles son tus herramientas/instrumentos que portas en el presente y que te ayudarán a construir tu futuro? ¿Qué recuerdos, partes de tu historia y aprendizajes del pasado sí decidiste cargar?

7. Con tu barquita llegas a una isla. Al descender te das cuenta de que es una isla desierta. En esta isla solo hay vegetación. ¿Cómo es esta isla? ¿Cómo es la vegetación? ¿Cómo te sientes al estar ahí?

8. Es tu momento de empezar a construir tu isla. Esta isla es tu nueva casa; en ella pondrás todo aquello que te interesa, tu misión, tu trabajo ideal, tus gustos, tus pasiones, en fin, todo aquello que te haga sentir pleno.

9. Tu ángel te va a adelantar un momento en el tiempo y te va a llevar en un recorrido por la isla que ya construiste. Permítele que te muestre cómo quedó tu isla. Observa con detenimiento: ¿Qué elementos tiene? ¿Cuál es el tipo de trabajo que realizas en esta isla? ¿Qué haces en tu tiempo libre? ¿Cómo lo disfrutas? ¿Existe algún área para tu familia, cómo la comparten? ¿Existe algún lugar específico para realizar algún deporte? ¿Qué otros lugares hay en esta isla? ¿Cómo son? ¿Qué actividades realizas ahí? Observa qué más te muestra tu ángel de tu isla.

10. Quizá tu ángel tenga algo que decirte en este momento. Escúchalo. Despídete de tu ángel y agradécele su compañía. Si tienes algo qué pedirle, hazlo.

11. Poco a poco, regresa a ti, al aquí y al ahora, a tu respiración, a tu cuerpo, a tu conciencia.

12. Mueve tus manos y tus pies, y a tu tiempo y ritmo abre los ojos.

## Dios nos quiere viviendo en abundancia

Partamos del concepto de que somos hijos de Dios; mejor aún, somos hijos MUY AMADOS de Dios. A sus ojos somos perfectos, aun en nuestra «imperfección».

Él nos observa con los ojos de un padre que ve a su hijo pequeño que está aprendiendo a caminar; el bebé se para, le tiemblan las rodillas y se cae, alcanza a dar dos pasos y se vuelve a caer; quizá en sus intentos tira algo o lo rompe; no importa cuántas veces cae, finalmente logra dar algunos pasos. El padre del bebé lo mira azorado, a veces queriéndolo rescatar, pero sabiendo que tiene que aprender a hacerlo por él mismo. El padre se alegra ante cada nuevo intento y celebra cada pequeño paso que el bebé va dando. El padre no espera que el bebé camine desde el primer intento, ni que lo haga a la perfección. Cuando el bebé se cansa de intentarlo, el padre lo toma en brazos, lo apapacha, lo besa y le dice amorosamente lo orgulloso que está de él y lo mucho que lo ama.

Así es como Dios Padre nos ve a nosotros, Él nos acompaña en nuestros intentos por transitar en este plano al que llamamos **vida**. Sabe y honra nuestra valentía al regresar, está consciente de que los aprendizajes que venimos a tener no son fáciles y nos acompaña y observa en cada paso que damos en el proceso; con todo su amor y compasión nos observa mientras nos caemos, nos levantamos, avanzamos o retrocedemos. Se alegra ante cada paso que damos y celebra con nosotros nuestros logros. Nos ama profundamente. Él observa en nosotros nuestro espíritu, nuestros propósitos y el amor incondicional que emana de nuestro corazón.

Con este gran amor que nos tiene, el PADRE nos ha proporcionado un lugar maravilloso y abundante dónde vivir; piensa en el mundo, piensa en toda la vegetación que tenemos, la flora, la fauna, los diferentes tipos de clima, los lugares; solamente tienes que abrir los ojos y observar la belleza y la abundancia que ya existe a tu alrededor.

*Yo, Angélica, vivo en la Ciudad de México, que es considerada una de las ciudades más sobrepobladas y contaminadas del mundo; sería muy fácil pensar que aquí, en este espacio, no hay abundancia. Sin embargo, cuando abro mis ojos puedo ver que aun en este espacio «contaminado y sobrepoblado» Dios se manifiesta de manera abundante ante mí a través de los árboles, de los pájaros, de un amanecer, de las montañas que rodean esta ciudad. Todas las mañanas corro en un pequeño bosque que está situado adentro de la ciudad; este contacto con la naturaleza es maravilloso, porque yo sé que Dios me habla a través de ella, mostrándome cada día toda la abundancia que hay para mí.*

La abundancia que Dios Padre nos otorga ya está frente a nosotros, solamente tenemos que abrir los ojos, las manos y el corazón para tomarla.

Como un padre que ama profundamente a sus hijos, Dios nos quiere ver felices, quiere que sepamos que somos merecedores de vivir en la plenitud, que somos merecedores de ser/tener todo lo bueno que hay para nosotros. Somos merecedores de vivir en la paz y de sentirnos profundamente amados.

---

### EJERCICIO N.º 3: OBSERVAR LA REALIDAD CON UNA MIRADA DIFERENTE

---

Haz este ejercicio antes de salir de tu casa e iniciar tus actividades cotidianas.

1. Cierra tus ojos y observa tu ritmo respiratorio, trata de respirar de manera más pausada, poniendo toda tu conciencia en tu respiración.

2. Toma conciencia de tus ojos y pide a tus ángeles que te permitan ver el mundo a través de su mirada, pide que sean ellos, los ángeles, quienes dirijan tu mirada hacia la belleza, la abundancia y las bendiciones escondidas que existan en el camino.

3. Durante el día, trata de tener conciencia de lo que estás viendo y fíjate si hay algo diferente a lo que estás acostumbrado a ver todos los días.

4. Por la noche, antes de dormir, toma un momento de reflexión sobre aquello que viste diferente en el día.

## Eres merecedor de vivir en abundancia

Al venir a esta tierra se nos olvida que somos uno con Dios, que estamos conectados con Él. La realidad es que no importa lo que hagas, quién seas, qué creencias tengas, porque nunca te llegas a desconectar.

Sin embargo, pareciera que parte de nuestro aprendizaje es olvidar quiénes somos, olvidar esta conexión para ir reencontrando en el camino toda nuestra grandeza.

Pasamos por el dolor, la miseria, el miedo, sentimos que no tenemos y no somos lo suficiente, para encontrar al final que somos UNO con Él y que eso es suficiente en todos los sentidos. Al reconocernos UNO con LA DIVINIDAD reconocemos que nosotros también somos DIVINIDAD.

Si somos hijos de Dios nos reconocemos reyes, príncipes, dioses. Ante esta verdad eminente, es necesario actualizar nuestra concepción de nosotros mismos y las creencias en torno a la vida que tenemos y aquella que merecemos tener.

Al afirmarnos en nuestra grandeza, atraemos hacia nosotros la abundancia de manera inmediata. Mientras no nos reconozcamos en nuestra realidad más elevada, mientras no sepamos que somos merecedores, entonces la abundancia no llegará o solo se nos otorgará «en abonos chiquitos».

Junto con el reconocimiento de nuestra más profunda esencia, está la necesidad de trabajar nuestras creencias en torno a nuestras limitaciones y culpas; así como validar nuestros talentos, habilidades y cualidades en general. Es un proceso en el cual vamos permitiendo que la verdad, que viene de la Luz, disuelva poco a poco la oscuridad que hemos albergado en nosotros mismos.

Cuando te reconozcas luminoso, sabrás que estás listo para tener una vida en abundancia.

*Hace unos días recibí la llamada de uno de mis alumnos angeloterapeu-*
*tas, quien me propuso realizar un programa que les permita a los tera-*
*peutas recién egresados darse a conocer más rápidamente, generando*
*de esta forma más citas e ingresos. Mientras lo escuchaba pensaba en mi*
*propia historia como terapeuta y cómo el trabajo fue fluyendo y los con-*
*sultantes fueron llegando en la medida en la que yo me fui validando y*
*me fui dando cuenta de mi potencial, de mis habilidades y de mis talen-*
*tos. La agenda se llenó cuando finalmente acepté que no estoy sola, que*
*Dios vive en mí; que es Él, a través de sus ángeles, quien realiza cada*
*sanación y cuando me reconocí como un instrumento divino. Se lo co-*
*menté y llegamos juntos a la conclusión de que la ayuda externa sirve,*
*siempre y cuando se trabaje lo interno primero.*

No importa la profesión que se ejerza, una persona que no cree
en sí misma y que no cree en su propia grandeza y divinidad, difícilmente encontrará afuera la validación que no se está dando.

La historia de Carlos también es un claro ejemplo:

*Carlos es un excelente chef de alrededor de 45 años. Cuando llegó a to-*
*mar terapia conmigo, por primera vez, constantemente hablaba de sus*
*fracasos y pocas veces se hacía consciente de sus logros. Se refería a sí*
*mismo como un «perdedor». En esa primera sesión, los ángeles me mos-*
*traron su potencialidad y su grandeza; cuando se lo expresé, él no me*
*creyó. Trabajamos durante algunos meses con su autoestima y sobre*
*todo con el reconocimiento y la autovalidación de sus logros, sus talen-*
*tos y habilidades. Cuando Carlos, finalmente, empezó a creer en él mis-*
*mo, de manera sincrónica, es decir, justo a tiempo (en tiempo divino)*
*comenzó a recibir invitaciones para representar a México en el ámbito*
*culinario internacional; por supuesto que al reconocerse él mismo, otros*
*lo empezaron a reconocer.*

## Eres cocreador de tu realidad

Iniciemos por decir que nadie más es y puede ser responsable de tu abundancia más que tú mismo. Esta es una verdad infalible, no hay forma de negarla.

TÚ ERES EL CONSTRUCTOR DE TU REALIDAD A TRA-VÉS DE TUS CREENCIAS, PENSAMIENTOS, SENTIMIENTOS, MIEDOS Y DESEOS.

Todo lo que ha sucedido en tu vida tiene que ver con esta premisa. Existen dos formas de crear tu realidad:

1. Antes de venir a la Tierra estableciste ciertas situaciones como parte de tu contrato de vida para obtener un aprendizaje específico como, por ejemplo, tu familia de origen, las circunstancias en las que creciste, quizá acuerdos que hiciste con personas específicas que se cruzarán en tu camino.

En algunos casos estas experiencias de vida son detonadoras de una vida difícil, sin embargo, detrás de estas dificultades se encuentran grandes aprendizajes. Decir que elegimos situaciones de vida que nos generan dolor es una afirmación muy fuerte y se puede llegar a pensar *¿Cómo puedes afirmar algo así? ¿Quiere eso decir que un niño que se me muere de hambruna en África o una persona que tiene una enfermedad mental o quien perdió a sus padres siendo muy pequeño eligió esa circunstancia?* La respuesta es SÍ. ¡Quién en su sano juicio haría un contrato de vida así!

Bien, para poder entender este concepto, necesitamos ir mucho más allá de nuestra percepción y de nuestro entendimiento humano. Necesitamos entender que es nuestra alma quien elabora el contrato. Somos **seres de luz**, somos almas que venimos a la Tierra a tener una experiencia humana para aprender, para poder seguir evolucionando, para seguir creciendo en la Luz, cada vez vibrando más alto, vibrando en compasión y en amor puro. Somos almas que venimos a aprender y en ocasiones a enseñar; nos convertimos en maestros y alumnos de nuestros compañeros de camino. Cuando somos capaces de vibrar esta realidad, entonces entendemos el por qué y el para qué de cada circunstancia y somos capaces de ver las bendiciones escondidas en cada situación.

Se dice que donde está nuestro más profundo dolor está nuestro aprendizaje y es ahí donde está nuestra misión de vida. Cuando somos capaces de trascender el dolor, no importa qué tan grande haya sido, observando el aprendizaje que nos deja o los talentos o habilidades que tuvimos que desarrollar al estar en esa posición, entonces entendemos para qué elegimos o creamos esa situación y qué es lo que a partir de ese aprendizaje tenemos para compartir con los demás y para entregar al mundo.

*Jimena es una mujer hermosa, que llama la atención al entrar a cualquier lugar. Es alta, guapa, grandota, pero lo más hermoso de Jimena es su gran corazón. Hoy es la directora de una asociación que ayuda a mujeres y niños golpeados, violentados y abusados sexualmente. Ella hace todo por ayudar a estos niños y a estas mujeres a tener una vida más digna, a buscar caminos viables para poder cambiar su situación de vida. Ella misma viene de una historia de abuso; cuando niña, ella, su hermana y su mamá eran abusadas por su padre alcohólico. Jimena ha sido muy valiente al abrir su corazón, al sanar su historia y al entender que todo aquello que ella aprendió y que le permitió salir adelante en su vida, también hoy sirve de ayuda para otras personas. Aunado a su historia personal, Jimena ha buscado capacitarse para tener más herramientas para ofrecer a otros. De tal manera que hizo estudios en Psicología y Derecho y ha buscado rodearse de personas capacitadas*

*que el día de hoy trabajan con ella, hombro a hombro en el desarrollo*
*de su misión.*

Pero la misión de Jimena no termina aquí; ella me ha platicado
que muchas veces ha soñado que da conferencias y pláticas a nivel
internacional sobre los derechos de los niños a tener una vida feliz y
libre de violencia. No tengo ni la menor duda de que lo va a lograr.

2. La segunda forma de cocreación es la cotidiana donde construyes
   sobre las circunstancias ya generadas por tu contrato. Es decir,
   puedes elegir la forma en la que vivirás determinadas situaciones.
   A partir de que tienes una conciencia y reconoces tu libre albedrío, eres capaz de generar tus propias circunstancias de vida. No
   importa cómo sea el punto del que estás partiendo, tú puedes
   crear a través de tu mente, de tus visualizaciones, de tus pensamientos y sentimientos la vida que tú quieres tener. Puedes llegar
   tan lejos y tan alto como tus sueños te lo permitan. De la misma
   forma, en un principio, esta afirmación puede parecer muy banal
   o increíble para algunas personas. Sin embargo, en la medida en
   la que vamos abriendo la conciencia y vamos conociendo cada
   vez más nuestro potencial creativo, nos daremos cuenta de que
   construimos a partir de nuestras creencias y, el entorno, afirma
   constantemente aquello que creamos. Si yo creo que no puedo
   cambiar mi mundo, no lo podré cambiar. Si yo creo que yo soy el
   artista y puedo pintar en mi lienzo en blanco lo que yo quiera,
   entonces mi realidad hará eco a mi creencia.

Esta premisa aplica tanto para lo positivo como para lo negativo. Es por eso que es muy importante cuidar que nuestros pensamientos y sentimientos siempre sean positivos y en pro de nuestro
más alto bienestar.

*Hace muchos años manejaba una camioneta roja por una carretera que me llevaba a casa de mi hermana. De manera sorpresiva, un señor atravesó la carretera corriendo en un tramo en el que no existía paso peatonal. Al ver esto mi pensamiento fue: «Hay que tener cuidado, porque en esta carretera se atraviesan sin pensar». Acto seguido se me atravesó un coche al cual le choqué. Al hablar con mi hermana para explicarle las razones por las cuales no llegaría a su casa, ella pensó «claro, es cierto, los coches rojos son más propensos a los choques». Acto seguido le chocaron a mi hermana, quien hizo esta afirmación olvidando que ella también iba en un coche rojo.*

Cuando nosotros hacemos cualquier afirmación, proveniente de cualquier pensamiento, sentimiento o creencia, el universo nos dice «CONCEDIDO». Esto es a lo que llamamos la Ley de atracción. Atraemos hacia nosotros situaciones de acuerdo a lo que estamos vibrando. Una persona que constantemente se queja o vibra en negatividad, estará atrayendo a su vida situaciones de negatividad o carencia. Mientras que una persona agradecida, que busca constantemente lo positivo en cada situación, estará atrayendo a su vida un sinfín de bendiciones.

Si soy capaz de verlo, también soy capaz de crearlo.

*Un día, en Atlanta, Georgia, mientras me terminaba de arreglar en un hermoso baño con una espléndida y espectacular vista al bosque, pensaba en mi itinerario del día: entrevista de radio, comida con Gina Robert —gran sanadora, amiga del alma y manager en Atlanta—, dos terapias por la tarde y en la noche la presentación del libro «Escucha a tus ángeles con el corazón» en la librería Phoenix & Dragon. Al estar repasando la agenda caí en la cuenta de que ¡este día yo lo había creado! Un par de años atrás, al estar haciendo un ejercicio de proyección yo había pensado en ese día con todas sus actividades, incluyendo la majestuosa vista desde el ventanal del baño.*

## Entre más alto vueles, más hermosa será tu realidad

Dado que constantemente estamos creando y recreando nuestra realidad, vale la pena poner atención a TODO lo que pensamos, sentimos y decimos. Nuestros pensamientos y sentimientos están íntimamente relacionados con nuestro cuerpo energético, por lo tanto, VALE LA PENA ELEVAR NUESTRO SISTEMA ENERGÉTICO Y VIBRAR MÁS ALTO.

¿Cómo hacemos esto? A través de la conciencia. Entender que cada paso que vamos dando, cada pensamiento, cada idea, cada sentimiento, cada acción ES UNA ELECCIÓN y que es esta elección lo que posteriormente ayudará a crear nuevas circunstancias de vida. ¿Desde dónde eliges vivir? ¿Desde el amor o desde el miedo?

El amor y el miedo son los dos sentimientos básicos de los cuales se derivan los demás. Cuando estamos vibrando en amor tenemos el sistema energético expandido y vibrante, nuestra aura presenta colores vivos y los chakras se abren. Cuando vibramos en miedo, el sistema energético se contrae, el color de nuestra aura se torna grisáceo (a veces incluso llega al negro en ciertos lugares) y los chakras se cierran.

Cuando estamos expandidos, vibrando en amor, conectados con Dios y en plena confianza, estamos actuando desde nuestro SER SUPERIOR. Mientras que, si estamos contraídos, cerrados y vibrando en miedo, estamos actuando desde el EGO.

Cuando creamos nuestra realidad desde el ego, lo hacemos desde la desconfianza y normalmente suceden dos cosas:

1. Existen sentimientos encontrados. *¿A quién le hace caso el universo?* Puede ser que sí tenga buenos deseos o buenas intenciones, sin embargo, detrás de esos buenos deseos existe el miedo

o la certeza de que eso que estoy deseando cocrear no es posible realizarse.

*Por ejemplo, Ana, una de mis pacientes, quiere desesperadamente tener una pareja; busca conscientemente a un hombre bueno, trabajador, comprensivo, con el corazón abierto y dispuesto a comprometerse con ella y formar, a la larga, una familia; sin embargo, Ana creció en un ambiente en el cual los hombres eran machistas y le tocó ver cómo su madre tuvo muchas parejas que terminaban lastimándola y/o abandonándola. Ana creció con la creencia de que todos los hombres son malos. Hoy, a pesar de querer encontrar a un hombre bondadoso, comprometido y fiel, no logra crear su realidad porque una parte de su mente le dice que ese hombre que está buscando no existe. Ana necesita sanar su historia, dejar de vibrar en la desconfianza (miedo) y empezar a vibrar en el amor (confianza).*

2. Atraemos situaciones negativas. El ego nos dice constantemente que no podemos, que no somos capaces, que no somos merecedores, etcétera. Nos enjuicia y nos hace sentir mal. Y, si cocreamos nuestra realidad a partir de ahí, lo único que podemos cocrear son situaciones negativas o mediocres.

*Juan no tiene trabajo desde hace meses; al terminar su trabajo anterior, comenzó a tener pensamientos como: «Claro, no sirvo para nada, por eso me despidieron del trabajo anterior». «Qué difícil es encontrar trabajo». «A mi edad ya nadie me va a contratar». Cuando ha llegado a asistir a una entrevista, esta es la energía que proyecta y por supuesto no le dan el trabajo. La realidad es que Juan tiene un excelente Currículum vitae y si no escuchara tanto a su ego, posiblemente ya tendría el trabajo de sus sueños.*

Entonces el ego es esta parte nuestra que nos limita y nos enjuicia, el que vibra en miedo. *¿Cómo hacer para salirnos de ahí? ¿Qué se necesita hacer para empezar a vibrar más alto? ¿Quién es el Ser Superior y cómo llego a él?*

El Ser Superior también existe dentro de nosotros. YA EXISTE. No necesitamos construirlo, quizá lo único que en realidad tenemos que hacer es descubrirlo, acordarnos de él, recontactarlo. El Ser Superior es esta parte nuestra que nos ayuda a vivir en la confianza, en el amor, en la compasión.

Cuando vibramos en el Ser Superior estamos conectados con Dios, en la conciencia de que Él es el que nos brinda el soporte y la fortaleza que necesitamos. Sabemos que no estamos solos, estamos constantemente acompañados por los ángeles y por seres de luz que a manera de guía están dispuestos a abrirnos el camino y a ayudarnos a recorrerlo.

Cuando estamos en el Ser Superior sabemos quiénes somos en realidad, podemos ir más allá de todas nuestras limitaciones mentales, conocemos nuestro potencial y sabemos que es posible lograrlo. En el Ser Superior reconocemos nuestra parte **divina**, sabemos que somos hijos de Dios y por lo tanto somos merecedores.

La forma de llegar al Ser Superior es elevando el sistema energético y se puede hacer a través de la meditación constante, del reconocimiento de quien soy (hacer afirmaciones de mi persona), de esperar y tener pensamientos positivos sobre el futuro (cocrear la mejor realidad), agradecer constantemente, soltar y dejar ir aquello que me estorba y no me deja seguir creciendo, entre muchas otras cosas.

Cuando vivimos en el ego hacemos un círculo vicioso: Pensamiento negativo — situación negativa — queja, disgusto, enojo, miedo — más negatividad — situaciones más negativas.

Cuando accedemos al Ser Superior empezamos a hacer un círculo virtuoso: Pensamiento positivo — situación positiva — agradecimiento, confianza, alegría, amor — más situaciones positivas.

En mi caso particular, me doy cuenta de que entre más crezco en mi Ser Superior, entre más fluyo en la conciencia y en la confianza de lo **divino** actuando en mi vida, atraigo más bendiciones, al grado de que, con solo pensar aquello que deseo, prácticamente ya se está concretizando.

*Una de las múltiples cosas que había cocreado en los últimos años, era viajar a Italia y correr el maratón de Roma. Durante casi un año traje en la cabeza la idea de realizar esta hazaña. Un día sucedió que, mientras entrenaba, el deseo de vivir esta experiencia cobró más fuerza; comencé a visualizarme recorriendo esa ciudad y noté que mi corazón latía más fuerte, mientras sentía mariposas en el estómago. Mi primer impulso fue desechar esta idea, ya que, en ese momento, mis prioridades en cuestión económica eran otras.*

*Recuerdo que, entre mis pensamientos y plegarias, un poco en plan de broma, dije: «Señor Dios mío te pido que saques de mi cabeza el maratón de Roma o me des los medios para realizarlo». Para mi sorpresa, el deseo no solo continuó todo ese día y los días subsecuentes, sino que fue creciendo. Junto con mi deseo, empezaron a llegar señales y, curiosamente, cada vez que hablaba del evento volaban «plumitas» pequeñitas a mi alrededor; también amanecí uno de los días con una canción italiana que tenía años de no escuchar, «Grazie Roma» de Antonello Venditti, y justo cuando la cantaba en mi cabeza me llegaba la imagen de haber terminado el maratón.*

*Me topé con fotografías de Roma por todas partes, inclusive un día, mientras manejaba, venía pensando en si sí lo hacía y las letras de las placas del coche de enfrente decían «YES». De la misma manera, las puertas se empezaron a abrir; justo en esos días me reen-*

*contré en Facebook con unos primos que viven en Italia y me invita-*
*ron a llegar a su casa; por mail me llegaron ofertas de boletos de*
*avión que se podían pagar a mensualidades sin intereses, entre otras*
*cosas. Todas estas señales me dieron la pauta para hacerlo. Las puer-*
*tas se abrieron para que yo corriera en abril de 2016 el maratón de*
*Roma.*

Es un hecho que cuando siento el deseo y me permito soñar despierta, cuando me permito visualizar mi sueño, estoy cocreándolo y, de repente, por muy lejano que parezca, se comienza a acercar; por imposible que fuera, empieza a ser posible. Es como si el universo me dijera «el NO, no existe, mejor te digo cómo SÍ».

De lo que me doy cuenta es de que cuando sigo mis sueños y mi intuición para realizarlos, por irreales e improbables que parezcan, me expando, me siento feliz y vibro más alto. Cuando mi mente trata de explicarme las razones por la cuales no es factible que vaya, me siento contraída, minimizada y vibrando bajo.

A veces puedo no tener nada claro, pero algo dentro de mí siempre me dice que ¡CONFÍE! y que deje que todo se vaya acomodando por sí solo.

*Un amigo mío, curiosamente llamado Ángel, me decía que, si yo fuera*
*piloto de motocross, brincaría al barranco sin saber dónde podría caer,*
*a diferencia de la mayoría de las personas, quienes primero tendrían la*
*certeza del terreno antes de siquiera encender la moto. Yo le contesté*
*que efectivamente, lo podría hacer por una simple y sencilla razón:*
*CONFÍO. Confío en que no estoy sola, siempre estoy protegida, cuida-*
*da, guiada y sostenida.*

*Ya van varias veces que brinco y hasta este momento siempre he*
*caído bien.*

De repente el camino se despliega ante mí y lo que estaba en tinieblas se esclarece; los pasos a seguir se van mostrando uno a uno y me doy cuenta de que, hasta lo que yo consideraba imposible, se vuelve posible.

*En el año 2004 estaba tomando un diplomado en Desarrollo Humano y en un momento de introspección caí en la cuenta del desasosiego que estaba sintiendo con respecto a mi trabajo. En ese momento yo tenía un trabajo «privilegiado», laboraba en una agencia de publicidad, estaba en la oficina solamente en las mañanas, el resto del día trabajaba desde mi casa; mi oficina estaba a solo unas cuadras de distancia del colegio de mis hijos y tenía muy buen sueldo. Aun así, yo sentía un gran vacío en mi corazón y mi trabajo estaba dejando de tener sentido para mí.*

*Estando en clase externé este malestar y mi querida maestra Adriana Domínguez me pidió que hiciera un ejercicio. Me dijo que me colocara en una esquina del salón y que describiera mi sentir. Me indicó que cerrara los ojos y visualizara qué me gustaría hacer en realidad, me pidió que caminara y, al ir dando los pasos necesarios, nombrara las acciones concretas que tendría que tomar para llegar a mi sueño. Los pasos que di fueron: estudiar la especialidad en Psicoterapia Gestalt, continuar con mis estudios en el ámbito espiritual, vencer mi miedo, montar mi consultorio, empezar a promover mis servicios, renunciar a la agencia, etcétera.*

*La realidad fue que después de hacer este ejercicio, la vida se encargó de acomodar algunas situaciones; apareció el curso de Doreen Virtue, no tuve que renunciar, ya que me liquidaron de mi trabajo y todo se fue dando de una manera casi mágica.*

Este ejercicio lo he repetido infinidad de veces con mis pacientes, siempre obteniendo mucha claridad en el proceso y muy buenos resultados.

## EJERCICIO N.º 4: VOLVER POSIBLE LO IMPOSIBLE

Elige un lugar amplio para hacer este ejercicio, de preferencia con espacio para caminar y pocos muebles.

1. Párate en una esquina y cierra tus ojos. Aquí, este lugar representa dónde te encuentras ahorita en la vida; trata con tu mente de definirlo. ¿Cómo es? ¿Cómo te sientes al estar aquí? ¿Qué sentimientos surgen al tomar esta conciencia? ¿Qué te gusta de este lugar y qué no te gusta?

2. Con tu mirada busca otra esquina hacia donde te vas a dirigir. Cierra nuevamente los ojos, representa en esa otra esquina el lugar al que quieres llegar en la vida. ¿Cómo es ese lugar? ¿Qué cambios necesitarías hacer en tu vida para llegar allá? ¿Cómo se siente con relación al lugar en el que estás? ¿Lejano? ¿Cercano? ¿Qué tan fácil o difícil te parece llegar allá?

3. Abre tus ojos y con tu mente traza un camino entre ambos puntos y obsérvalo. ¿Cómo te sientes al observar este camino? ¿Qué sensaciones surgen en ti?

4. Vas a empezar a recorrer ese camino. Cada paso que vayas dando va a representar una acción que necesitas tomar para llegar al otro lado. Ve nombrando para ti cada una de las acciones. Habrá pasos fáciles de dar, otros quizá te generen miedo, otros titubearás antes de avanzar; no importa, tómate tu tiempo para recorrer el camino y observa qué va surgiendo en tu mente y en tu corazón al hacerlo.

5. Al llegar al otro extremo cierra tus ojos y visualízate viviendo aquello que quieres alcanzar. ¿Cómo es haber llegado ahí? ¿Cuántos pasos tuviste que dar? ¿Cuántos logros tuviste en el camino? Al estar ahí: ¿cómo te sientes?

6. Haz una respiración profunda y poco a poco ve regresando al aquí y al ahora.

## Manifiesta tu realidad desde el amor (no desde la carencia)

Uno de los errores más comunes que cometemos a la hora de cocrear nuestra realidad es pensar en lo que nos hace falta, en lo que no tenemos y que nuestra mente humana cree que «necesitamos». Al entrar en este patrón de pensamientos contactamos con sentimientos de vibración negativa como la envidia, el miedo a no lograr eso que deseamos, el dolor de no tener aquello que «necesitamos» o anhelamos, la frustración, la angustia y el enojo que refuerzan aún más «la falta de» o la carencia. En estos casos nos enganchamos con facilidad en el círculo vicioso de negatividad y en lugar de crear aquello que estamos deseando, terminamos creando más carencia en nuestras vidas.

La forma correcta para cocrear abundancia es mediante el reconocimiento del camino personal. Ubicar en dónde estoy parado hoy, de dónde vengo y todo lo que he tenido que caminar para llegar a este punto, así como las bendiciones que he recibido en el camino y desde ahí proyectarme a un lugar de mayor abundancia. Cuando hacemos esto contactamos con la satisfacción, la gratitud, el orgullo y el amor hacia nosotros mismos. De esta manera estamos generando más situaciones positivas.

A veces, pudiera suceder que una persona que está pasando por una situación crítica como una enfermedad, un despido o una grave crisis económica, le esté costando trabajo encontrar lo positivo de su situación; en tal caso, hacer una afirmación positiva se puede sentir como irreal o no verdadera; aquí, lo mejor que podemos hacer es concentrarnos en el proceso y afirmarnos en la idea de que cada paso que damos es hacia una mejoría, y enfocarnos en esos pasos, aunque pudieran parecer muy pequeños.

*Laura es una alumna mía que estaba pasando por un proceso muy fuerte de enfermedad, sufría de terribles migrañas que cada vez eran más constantes y más severas; esta situación mermaba su vida por completo, no la dejaba disfrutar a sus hijos, no podía trabajar, no dormía, etcétera.*

*Laura me solicitó una angeloterapia en la cual los ángeles le dijeron que constantemente se quejaba de su situación, constantemente afirmaba que le dolía la cabeza, que se sentía mal y que estaba enferma. Entre varias acciones a tomar, los ángeles le pidieron que transformara la forma en la que se expresaba de su situación. Que, si en realidad quería sanar, necesitaba afirmarse en salud, pero decir «soy salud» no era suficiente porque no sonaba a realidad, entonces se creaba una dualidad de sentimientos encontrados, es decir, expreso algo que no estoy sintiendo; entonces, los ángeles le pidieron hacer una afirmación «de transición» que dijera «estoy en proceso de sanar mi cuerpo». Esta afirmación sonaba más real y no generaba dualidad.*

*Laura pasó por un proceso de sanación de su cuerpo y hoy en día, gracias a Dios y a su propia creación, es una mujer completamente sana y libre de migrañas.*

Justo en esa época, mis problemas económicos estaban en su apogeo. Al terminar la sanación con Laura los ángeles me señalaron que yo también tenía que aplicar esta misma premisa a mi situación económica. Yo misma me quejaba constantemente de que no tenía dinero, que no alcanzaban mis ingresos, que debía mucho, etcétera. Al igual que con Laura, afirmar «yo soy prosperidad» no resonaba en mi interior, entonces, la instrucción de mis ángeles fue hacer las siguientes afirmaciones: «Estoy en proceso de sanar mis finanzas», «estoy en proceso de aumentar mis ingresos», «estoy en proceso de lograr una tranquilidad económica para mí y para mi familia». A partir de ese momento, mi situación empezó a mejorar, en realidad no sucedió de la noche a la mañana, pero sí fue, al igual que para Laura, un mejoramiento paulatino y rotundo.

## La gran paradoja de la abundancia

Existe un dicho que dice «dinero llama al dinero»; de la misma forma podríamos decir que «amor llama al amor», «respeto llama al respeto», «salud llama a la salud» y, por supuesto, «¡abundancia llama a la abundancia!».

¿Qué quiere decir esto? Esto es Ley de atracción pura y el universo responde a nuestra creencia, a nuestro sentimiento, a nuestra visión y a nuestro deseo. De tal forma que la visión que yo tenga de mí mismo, los sentimientos que tenga sobre mí, la forma en que me trate y qué tan abundante o precario sea conmigo mismo, será parte del mensaje que estoy enviando al universo.

Si quiero abundancia en mi vida necesito empezar por ser abundante conmigo mismo. No puedo pretender que el universo me trate de una forma diferente a como yo me estoy tratando. Si yo quiero ser amada, necesito empezar por amarme yo; si quiero ser respetada, necesito empezar por respetarme yo; si quiero ser saludable, necesito empezar por cuidar mi salud, etcétera.

Si yo no me procuro, si no me cuido, si no me amo, si no me doy a mí mismo lo mejor, es como si yo mismo reconociera que no soy lo suficientemente valioso; si yo no me reconozco valioso ante mí mismo, *¿cómo me voy a sentir merecedor ante el universo?*

Entonces, ¿quieres abundancia en tu vida? Empieza por dártela tú. No seas tacaño contigo mismo; cuídate, ámate, respétate, procúrate, haz por ti lo que te gustaría que otros hicieran por ti.

Cuando te trates a ti mismo como el REY que en realidad ya eres, el universo dirá «CONCEDIDO» y también te tratará como rey.

# 2

# Los ángeles y la abundancia

## Los ángeles te ayudan a concretizar tus sueños

Sin duda, una de las funciones de los ángeles es ayudarnos a concretizar nuestros sueños para vivir en plenitud.

Cuando decidimos regresar a la Tierra a tener esta experiencia humana para seguir creciendo y evolucionando como almas, nos son asignados ángeles que nos acompañarán en nuestra travesía. Estos ángeles serán nuestros compañeros de camino y estarán constantemente cerca de nosotros asegurándose de que nuestro propósito de vida se cumpla. También estarán constantemente recordándonos quiénes somos, nuestra grandeza, nuestro merecimiento y toda nuestra potencialidad.

Los ángeles vienen a mostrarnos que el cielo, el paraíso, no es una realidad alejada de nosotros; vienen a mostrarnos que dentro de cada uno de nosotros existe ya un universo de potencialidades listas para ser creadas y para convertirse en nuestro propio paraíso. Los ángeles vienen a sacarnos de lo ordinario, para llevarnos a lo extraordinario.

Además de estos ángeles acompañantes, también conocidos como ángeles guardianes, estamos rodeados de una multitud de ángeles, arcángeles y seres de luz que están dispuestos a ayudarnos en todo momento.

## ¿Quiénes son los ángeles?

Los ángeles son mensajeros de Dios. Ellos son parte de la creación, están hechos de la misma naturaleza de Dios y vienen a mostrarnos y a recordarnos que nosotros también somos parte de esa misma Fuente.

Los ángeles tienen muchas funciones: ayudarnos, protegernos, acompañarnos, abrirnos los caminos, guiarnos, apapacharnos, hacernos sentir profundamente amados. Pero su función más importante es la de recordarnos quiénes somos y a qué vinimos a este mundo.

Ellos están aquí para irnos mostrando el camino de regreso a casa, para enseñarnos que somos mucho más de lo que creemos, para ayudarnos a salir de la pequeña cárcel que hemos construido a través de nuestros pensamientos limitantes. Nos guían en nuestro crecimiento y nos cuidan y llevan de la mano mientras vamos aprendiendo cómo hacerlo por nosotros mismos.

Los ángeles nos muestran nuestro potencial, nos abren la puerta y nos impulsan a lograrlo. Nos muestran cuál es el camino más eficiente para lograr nuestros sueños y nos acompañan a caminarlo, mientras aplauden cada uno de los pasos que vamos dando.

Los ángeles son nuestros compañeros y amigos de vida, ellos saben lo difícil que es la experiencia de vivir en la Tierra; se sienten profundamente honrados de poder acompañarnos a vivirla y orgullosos de cada pequeño logro y aprendizaje que vamos teniendo.

Son nuestros más íntimos amigos, consejeros, protectores, entrenadores, porristas y admiradores. Por si todo esto fuera poco, no importa lo que hagamos, ellos nos siguen amando profundamente.

Los ángeles son mensajeros de Dios y vienen a traernos un mensaje: Dios nos ama incondicionalmente, no importa quiénes seamos, qué hagamos, ni en dónde estemos. El amor de Dios es ilimitado, infinito y eterno.

En una meditación me mostraron este concepto con toda claridad: me enseñaron a Dios como un sol, la Gran Fuente de Luz Divina, desde el cual se desprendían partículas idénticas a Él pero más pequeñas que eran los ángeles y que venían a mostrarnos que en nuestros corazones nosotros también somos partículas de Luz Divina iguales a la Fuente.

---

## EJERCICIO N.º 5: SENTIR EL AMOR INCONDICIONAL DE DIOS Y DE LOS ÁNGELES

---

Busca un lugar en donde puedas estar en paz y en completa quietud; adopta una posición que te resulte cómoda y cierra tus ojos.

1. Haz una respiración profunda y concéntrate en tu ritmo respiratorio, haciéndolo cada vez más lento y de manera más consciente.

2. Vuelve a inhalar profundamente y esta vez, centra la atención en el peso de tu cuerpo. Empieza por sentir cuán pesada es tu cabeza y la presión que ejerce sobre tu cuello, el peso de tus hombros, de tus brazos, hazte consciente de tu posición, en dónde recae el peso de cada una de estas partes que te conforman, sobre qué está ejerciendo presión. Con tu mente, haz un recorrido por todas las partes de tu cuerpo. Si te es más fácil, imagina cómo este se va pintando de algún color.

3. Sigue respirando despacio, profundamente y visualiza cómo empiezan a crecer raíces de tus pies... ¿Cómo son estas raíces? ¿Son frágiles o fuertes? ¿De qué color son? ¿Son delgadas o anchas? Al ritmo de tu respiración observa cómo crecen atravesando el piso, la tierra... Sigue respirando y sigue viendo el crecimiento de tus raíces hasta llegar al centro de la Tierra.

4.  Nota cómo, con cada respiración, jalas energía desde el centro de la Tierra y la llevas hasta tus pies, cómo cada inhalación permite que esta energía suba por tus piernas, tu cadera, tus glúteos, tu espalda, tu torso, tu cuello, tu cabeza. Todo tu cuerpo está conectado con la tierra, estás arraigado, eres uno con la Tierra.

5.  Con tu mente viaja a un lugar hermoso, el que tú elijas; observa con detenimiento el suelo que estás pisando; visualiza el entorno, qué elementos lo conforman. Voltea tu mirada hacia arriba para que puedas ver el cielo.

6.  Observa en el horizonte una esfera de luz que viene hacia ti, conforme se va acercando va cambiando de forma y se va convirtiendo en un ángel; obsérvalo mientras llega, permítele que se detenga frente a ti... ¿Cómo es? ¿Cuáles son sus características físicas? ¿Cómo está vestido? ¿Cómo es su rostro? ¿Puedes ver su cabello o sus alas? ¿Qué más te muestra tu ángel?

7.  Coloca las palmas de tus manos hacia arriba y siente la energía de tu ángel, verifica cuáles son tus sensaciones internas al estar en su presencia. Pídele a tu ángel que te abrace con sus alas y permítete sentir su contención.

8.  Quédate sintiendo esta amorosa presencia de tu ángel por unos momentos, simplemente disfrutando de todo este amor incondicional que existe para ti aquí y ahora.

9.  Agradece a tu ángel su amorosa presencia. Llegó la hora de despedirte y permitir que tu ángel se retire. Observa cómo se empieza a alejar, convirtiéndose nuevamente en una esfera de luz que se pierde en el horizonte.

10. Observa una vez más el entorno en el que te encuentras.

11. Poco a poco regresa a tu cuerpo, al lugar en donde te encuentras físicamente, hazte consciente de tu respiración, de tu cuerpo, empieza a mover lentamente tus manos, tus pies, respira profundamente y cuando estés listo, abre los ojos.

## Los ángeles y la abundancia

No existe una receta de cocina para lograr la abundancia. Es un camino y cada ser humano tiene su propio recorrido; caminarlo implica voltear los ojos hacia adentro, recordar y sanar tu historia, reconocer quién eres y qué es lo que puedes aportar al mundo (talentos, habilidades y pasiones); abrir el corazón y atreverte a vivir desde ahí, recordar que eres hijo de Dios y como tal, profundamente merecedor de vivir en abundancia.

Los ángeles están aquí para ayudarnos en este proceso, que, aunque pueda parecer muy largo y en ocasiones no es fácil, al final es un viaje maravilloso, que más o menos consta de las siguientes etapas:

- Despertar de la conciencia: darse cuenta de que la realidad es mucho más de lo que parecer ser, que existe una vida abundante detrás de la máscara del deber ser, del vivir en automático.
- Abandonar la zona de confort: atreverse, ser valiente e ir más allá de lo conocido, buscar el crecimiento personal y espiritual.
- Reconocimiento de uno mismo: recordar, reconocer la propia historia, llevar luz al corazón para sanar las partes oscuras del pasado e iluminar aquello que define, que ilustra la identidad y la esencia.
- Abrir el corazón: atreverse a vivir desde el corazón trabajando de la mano con la razón, pero utilizando los sentimientos, las pasiones como guía de vida.

- Reconexión con la Divinidad: validar la conexión con lo Divino en plena consciencia del «YO SOY».

- Afirmarse como «merecedor»: desde esta nueva conciencia, saber que somos dignos de vivir en plenitud y en abundancia.

Los ángeles nos van llevando paso a paso en este camino, en este descubrimiento; su ayuda es muy sutil, no nos muestran todo el camino, solo nos van dejando ver cuál es el siguiente paso que tenemos que dar. Nos guían claramente en el proceso, solo tenemos que abrir bien los ojos y el corazón para escucharlos.

Nos toman de la mano y nos llevan amorosamente a nuestro destino, asegurándose de que cada paso que vamos dando, lo demos en total y absoluta conciencia, aprendiendo la enseñanza que lleva implícita. Con toda la paciencia esperan que aprendamos cada lección, no nos presionan, no nos apuran, no nos obstaculizan el camino; no hay juicios, ellos entienden perfectamente bien nuestra condición humana; están junto a nosotros todo el tiempo, esperando a que podamos seguir avanzando en este caminar.

Los ángeles nos ayudan a concretizar nuestros sueños, nuestros más profundos anhelos y a crear una vida de abundancia, plenitud y felicidad.

## Los ángeles te abren puertas y tú las debes de atravesar

En este proceso de crear abundancia, los ángeles son nuestros ayudantes. Sin embargo, la responsabilidad de la creación y de la acción es total y absolutamente nuestra.

Para obtener la maravillosa ayuda de los ángeles solo tienes que pedirla. Ellos son muy respetuosos de nuestro libre albedrío, por lo que no intervendrán en tu vida a menos que tú así lo solicites. Aunque ellos conozcan nuestro potencial y sepan que estaríamos mejor en determinada circunstancia, un ángel nunca podría manifestar o crear por nosotros. Ellos podrán señalarnos, guiarnos, sugerirnos, pero es importante que el proceso de creación y concretización del deseo lo realice el individuo mismo. Una vez que externamos nuestro deseo y pedimos ayuda, entonces los ángeles están listos para asistirnos; abrirán caminos y puertas donde no existía nada. Al poner tu intención afuera, pareciera que el universo, Dios y los ángeles empiezan a confabular para que todo se logre.

Ahora bien, los ángeles trazarán el camino, pero nos toca a nosotros recorrerlo. Los ángeles abrirán las puertas, pero nos toca a nosotros atravesarlas. Esto quiere decir que deberás abrir muy bien los ojos porque, una vez que tu deseo ha sido expresado, surgirán oportunidades, muchas veces inimaginables ante ti. Cuando estas surgen, es tu decisión si las tomas o no.

*En alguna ocasión, al principio de un curso que duraba varias semanas, creamos entre mis alumnos y yo un «visión board»[1] con todos nuestros deseos. Érika, una de mis alumnas, escribió que uno de sus sueños era trabajar en la ONU. Las semanas pasaron y en otra sesión del curso Érika nos comentó que había recibido un email para una entrevista de trabajo en la UNESCO, ya que dos años antes había enviado su currículum en respuesta a un anuncio. La puerta estaba abierta, quizá la UNESCO era el escalón que ella debía tomar para llegar a la ONU y algo que ya parecía tan poco probable, simplemente sucedió. Ahora le tocaba a Érika tomar el camino.*

---

1. *Vision board:* cartulina de deseos. Manera gráfica de plasmar nuestras intenciones y deseos en papel.

Esto también aplica con las cosas materiales:

*Hace muchos años llegó a México por primera vez una marca de coches con una línea que a mí me gustaba mucho. No tenía pensado cambiar de automóvil, sin embargo, un día al ir manejando vi una camioneta que me gustó y afirmé que ese sería mi próximo coche.*

*Unas dos o tres semanas después me habló una amiga pidiéndome una sesión de ángeles; en aquel entonces yo daba las consultas en la sala de mi casa. El día de nuestra cita se me hizo tarde, por lo que le envié un mensaje diciéndole que, cuando llegara, estacionara su coche en mi garaje y que yo la alcanzaría unos minutos después. Cuando llegué había una camioneta como la que quería justo en mi lugar de estacionamiento y dije para mis adentros: «Qué bonita se ve ahí, sin duda ese es su lugar». Al bajarme del coche le dije a mi amiga «está hermosa tu camioneta». Ella me contestó «te la vendo». Yo no lo podía creer, ya que esa marca no llevaba ni seis meses en el mercado. Posteriormente me explicó que su marido trabajaba para la empresa automotriz y que les daban los coches a probar, vendiéndoselos posteriormente con un 30% de descuento del precio original. No teníamos pensado hacer un gasto como ese, pero coincidió con que a mi marido (ahora ex marido) le habían dado un bono especial en su trabajo. Todo se confabuló para que cambiáramos mi coche, solo era cuestión de tomar acción.*

## Cuando las puertas no se abren, fluir con lo que surge

Existen ocasiones en las que manifestamos alguna situación y esta no se da. Cuando esto sucede es básicamente porque eso que estamos manifestando no está de acuerdo con nuestro **más alto bien** o porque simplemente Dios nos tiene preparado algo mucho mejor.

Puede suceder que justo aquello que estamos manifestando no esté a tono o no contribuya con nuestro crecimiento o nuestra misión de vida o que sea una situación que, lejos de acercarnos a nuestra esencia, nos aleje aún más de ella.

*En el tiempo en el que trabajaba en la agencia de publicidad, perseguí durante mucho tiempo a un cliente con el que quería trabajar. Le presentamos varios proyectos y estuvimos a punto de firmar contrato con él varias veces; constantemente le pedí ayuda a los ángeles para firmar ese contrato, sin embargo, nunca se concretizó. Más tarde, con el paso del tiempo y con todo lo que sucedió, entendí que la firma de ese contrato hubiera obstaculizado todo el desarrollo de mi misión de vida, es decir, si lo hubiera firmado quizá yo no hubiera salido de la agencia cuando lo hice, no hubiera tomado el curso de Angeloterapia de Doreen Virtue y quizá no hubiera escrito este libro.*

A veces, pasar por ciertas situaciones es inevitable para obtener el aprendizaje que conlleva y quizá la enseñanza que nos deja la vivencia es mucho más valiosa que aquello que estamos manifestando.

*En mi año de crisis, muchas veces les pedí ayuda a mis ángeles y manifesté una mejor condición económica; todo se me concedió a su tiempo. Me queda claro que necesitaba obtener primero un aprendizaje. Hoy me parece que haber llevado a la conciencia todas estas enseñanzas fue mucho más valioso que haber obtenido la ayuda inmediata.*

## Confiar, confiar, confiar

Una vez que manifestaste, una vez que pediste ayuda de Dios y de tus ángeles para concretizar tus sueños, **suelta y confía**. A veces esta parte es la que más trabajo nos cuesta lograr, como si estuviera en nuestra naturaleza poder controlar que el deseo se realice y cómo se realizará.

Parafraseando a una de mis autoras favoritas, Marianne Williamson, en alguna de sus conferencias lo expresó de la siguiente manera: "Es como cuando vas a un restaurante y vas a pedir un sándwich, entonces llega el mesero y toma la comanda, le dices exactamente cómo quieres tu sándwich: pan de centeno, con mostaza, sin mayonesa, con jamón y sin cebolla. El mesero anota en la comanda el pedido y se lo lleva a la cocina para que sea preparado. Tú no vas atrás del mesero, recordándole cada tres minutos el pedido, ni te metes a la cocina a decirle al chef lo que querías. Tú simplemente esperas en tu mesa, sentado, pacientemente a que tu sándwich llegue, sabiendo y confiando en que llegará, como lo pediste, en algún momento".

Lo mismo sucede con nuestros deseos, cuando estamos ciertos de lo que queremos, cuando lo visualizamos y nos sabemos merecedores de obtenerlo, simplemente tenemos que ser pacientes, esperar y confiar en que aquello que tanto anhelamos se nos dará en el tiempo indicado.

### *Confía, yo estaré ahí para abrirte el camino*

*Mi adorada niña:*

*Sé que hoy tu futuro parece aún incierto, sé que hoy estás parada ante el umbral del camino decidiendo aún si debes o no empezar a caminar. Sé que a pesar de lo mucho que ya has caminado a nuestro lado, todavía a veces sientes miedo de dar estos nuevos pasos y de andar este nuevo sendero.*

*Mi niña, entiendo tus miedos, entiendo que quisieras saber y garantizar que todo va a estar bien, que debajo de cada pisada* encontrarás piso firme y que no habrá obstáculos que te hagan tropezar o caer.

Qué tal si dejas de buscar garantías; si te dieras cuenta de que nosotros, tus ángeles, vamos cuidando cada uno de tus pasos, que aun donde el piso no está firme te sostenemos y te cuidamos. Qué tal si te dieras cuenta de que tienes unas alas hermosas que te permiten volar en donde no puedes caminar.

Si pudieras ver con tus ojos cómo tus ángeles trabajamos para ti, cómo, cuando tú nos lo permites a través de tu confianza, vamos eliminando los obstáculos del camino antes de que llegues a ellos. Qué tal si observaras que detrás de cada obstáculo hay una lección y detrás de cada lección, hay una bendición.

Mi niña, qué tal si te dejaras sostener por la mano de Dios, si caminaras este nuevo camino confiando en su amor incondicional, qué tal si te pusieras en sus manos y entregaras tu caminar, sabiendo que, cuando estás a su lado, cuando Él te sostiene, nada podrá estar mal.

Este es tu camino, estos son tus pies para recorrerlo y aquí estamos nosotros para acompañarte en cada paso que des.

Te amamos y te acompañamos siempre.
Arcángel Gabriel

# 3

# Formas de manifestar tu realidad

Antes, en las fiestas de Año Nuevo de mi familia seguíamos una serie de rituales sin sentido: ponerse calzones de diferentes colores para atraer determinadas cosas en tu vida, llevar en la bolsa un pequeño costalito de semillas para atraer la abundancia, colocar un billete en el zapato para la prosperidad, barrer la casa para sacar lo viejo, salir con maletas a la calle para manifestar viajes durante el año que comenzaba, etcétera. En los últimos años, un poco influenciados por mí, estos rituales fueron cambiando por liberar lo que ya no queríamos en una fogata y enviar un globo al cielo con nuestros deseos o manifestaciones.

En la última fiesta de año nuevo sucedió que escribimos nuestros deseos en papelitos, pero el clima lluvioso impidió que los lanzáramos al cielo en los globos, por lo que sustituimos la actividad haciendo cartulinas de deseos en el recalentado del día primero. Uno de mis familiares, un poco regido por el «deber ser» y preocupado por el miedo de no haber hecho lo que «se tenía que hacer», se me acercó y me preguntó: «¿Pero si no aventamos los deseos al cielo, a poco los recortes lo sustituyen?» A lo que le contesté: «No importa cómo lo hagas, lo único que verdaderamente importa es la intención que pongas al hacerlo».

Con esto quiero ilustrar que de verdad no existen rituales, no hay una fórmula mágica para hacer decretos o manifestaciones, no hay acciones precisas a tomar, por supuesto, no se tienen que hacer en un día o fecha específica o en determinadas circunstancias, todo momento, toda acción, todo ritual son perfectos para decretar, para manifestar y para crear tu nueva realidad, siempre y cuando sean hechos en conciencia y con **intención**.

Entonces, crear abundancia en tu vida no es una cuestión de esoterismo o de suerte, es una cuestión de conciencia. No es a través de lo externo como los rituales, las cartulinas de deseos, los documentos escritos o las acciones como aventar los deseos en un globo, que lograremos concretizar nuestros sueños. Es a través de la introspección, de ir hacia dentro, del trabajo personal, de saber qué es en realidad lo que queremos y con qué vibra nuestra alma. Es a través de reconocernos y de sentirnos merecedores. Es a través de la intención.

Los rituales y las acciones externas solo sirven si vienen acompañadas de la intención correcta. Y la intención correcta puede funcionar aun sin los rituales, es decir, no necesita de ellos; al parecer es el ego el que necesita de los rituales y de las acciones concretas, utilizándolos como una especie de muletilla para poder dar crédito a que la magia está sucediendo.

## Antes de manifestar

Antes de externar el deseo, antes de realizar la manifestación tendrás que revisar varios puntos:

- ¿Qué es lo que realmente deseo?

Esto que deseo es genuino, es algo que surge desde dentro de mí o es una necesidad impuesta por mi entorno desde el **deber ser**.

Si es genuino, si realmente surge desde la voluntad profunda, desde el **ser**, entonces es un deseo real. Normalmente se distinguen porque los deseos del ser vienen acompañados de emociones que se manifiestan por nerviosismo, sensación de mariposas en el estómago, taquicardia, euforia, felicidad, miedo, etcétera.

Cuando es un deseo impuesto, ya sea porque es lo que se espera de nosotros, por las normas o estándares sociales, por prejuicios, creencias o ideas que obtuvimos en la infancia, entonces es un deseo emitido por nuestra mente, la parte racional, por nuestro deber ser. Por ejemplo, deseo estudiar la misma carrera que mi padre o mi abuelo, aunque mi vocación sea otra.

En ambos casos el deseo es válido, sin embargo, los deseos que son generados desde el corazón, desde el ser, desde el alma, tienen mucha más fuerza y mucha más energía que aquellos deseos racionales, generados desde el intelecto. Por ende, la rapidez de concretización es aún mayor.

- ¿Cuáles son las creencias inconscientes?

Muchas veces manifestamos un deseo con todo nuestro corazón; sin embargo, tenemos una serie de pensamientos, hábitos, prejuicios o ideas que contrarrestan ese deseo y que se contraponen a su concretización.

Una vez más: cuáles son tus creencias inconscientes a sanar; cuáles son los nuevos patrones de pensamiento que necesitas aceptar para que pueda existir coherencia entre lo que deseas y lo que crees al respecto.

*Juan manifiesta que quiere reducir su horario de trabajo, sin reducir por eso sus ingresos; sin embargo, cada vez que piensa en esto, recuerda que cuando era niño su papá solía decir: «El pan se gana con el sudor de la frente». Juan tiene miedo de reducir sus horarios porque esto le generará, desde su perspectiva, una reducción de sus ingresos, pero no se da*

*cuenta de que al manifestar su deseo y ponerlo en manos de Dios, qui-*
*tando el ego de en medio, podrían suceder muchas cosas, desde aumen-*
*tar su productividad en un menor tiempo, hasta aumentar el número*
*de clientes, el volumen de producción, cobrar un precio más justo, en*
*fin, seguramente Dios le presentaría la solución adecuada.*

- ¿Qué tan merecedor me siento?

Como mencioné en el capítulo anterior, la base para concretizar
nuestros sueños y generar plenitud en nuestra vida es sentirnos merecedores de recibir en abundancia. Este es un trabajo de todos los
días, de recordarnos constantemente quiénes somos, cuál es nuestro
valor personal y por qué somos dignos de vivir en plenitud.

Es importante cuestionarnos y sanar nuestras culpas, nuestras
inseguridades; perdonarnos a nosotros mismos, vernos con ojos de
compasión, amarnos y sabernos valiosos y merecedores.

- ¿Este deseo está alineado con mi más alto bien?

Por más intenso que sea nuestro deseo por obtener algo, alcanzar un logro o estar con una persona determinada, si nuestro más alto bien no está
alineado con ese logro, será muy difícil que esa situación se concrete.

*Por ejemplo, Adriana sabía que su relación con Antonio no estaba fun-*
*cionando, la mayor parte del tiempo peleaban y ambos se sentían estan-*
*cados en su crecimiento personal y como pareja. Su relación era más*
*tóxica que nutricia (término que se utiliza en el ámbito de la Psicotera-*
*pia para señalar algo que nos resulta positivo, nos hace crecer y alimen-*
*ta el espíritu).*

*Adriana se negaba a terminar con esta relación, todo el tiempo*
*pedía y visualizaba que tenía una relación amorosa y armónica con su*
*novio; era muy específica en cuanto al tipo de relación que quería con él*
*y en qué aspectos deseaba mejorarla, aun así, su relación iba de mal en*

*peor. Finalmente sucedió lo inevitable y Adriana y Antonio terminaron. Al cabo de unos meses, Adriana conoció a Fernando con quien actualmente tiene una relación basada en el amor y el respeto, muy parecida a lo que había manifestado anteriormente.*

Muchas veces nos aferramos a un solo satisfactor para nuestra necesidad o a una sola forma de cumplir nuestros deseos, sin darnos cuenta de que Dios tiene una perspectiva mucho más amplia que la nuestra y que cuando nos ponemos en sus manos, seguramente nos sorprenderá con una mejor forma de concretizar nuestros sueños.

## Aprender a fluir

La vida nos da la pauta cuando algo no es para nosotros; cuando una situación no se da, cuando las puertas se cierran una y otra vez y nos topamos con obstáculos que no nos permiten lograr nuestro objetivo, quizá la vida nos está mostrando que ese no es el camino. Esto no quiere decir que eso que tanto anhelamos no nos será dado, sino que el camino que estamos recorriendo para obtenerlo puede no ser el adecuado.

A veces la vida, Dios y los ángeles, nos dicen: «Por ahí no es, ven, déjame guiarte y mostrarte una mejor manera».

## Formas para manifestar correctamente

Algunas formas para manifestar son: sostener la intención, visualizar, expresar y agradecer.

- **Sostener la intención**

¿Qué significa esto? Sostener la intención es poner el deseo en tu corazón y desde ahí, impregnarlo de tu más profunda esencia, entregarlo a Dios. Implica ser honesto contigo mismo en cuanto a lo que quieres, dejar los miedos y el ego a un lado por un momento y atreverte nuevamente a soñar. Implica desnudar tu alma, quitar barreras, pretextos, prejuicios y encontrar el deseo puro que emerge desde tu corazón.

Implica tener confianza en uno mismo, en Dios y en la vida, y ser capaz de entregar ese deseo a Dios, como sea que tú lo entiendas.

La forma de la entrega no es importante: lo puedes hacer a través de una oración, de una visualización, de una meditación o puedes realizar una acción o un ritual. Lo que cuenta es la intención que pongas en el acto: la energía, el amor, la honestidad y la pureza de tu entrega.

Una vez que la intención se entrega a Dios, sea cual sea el vehículo (acción) que se elija para hacerlo, podemos tener la seguridad y la certeza de que nuestra plegaria ha sido escuchada y que de alguna manera será respondida.

---

### EJERCICIO N.º 6: SOSTENER MIS DESEOS EN EL CORAZÓN

---

Tómate un momento y busca un lugar en donde puedas sentirte en paz. Cierra los ojos.

1. Haz una respiración profunda y concéntrate en tu ritmo respiratorio, haciéndolo cada vez más lento y de manera más consciente.

2. Al exhalar visualiza y siente que abres tu corazón, continúa haciéndolo cada vez con más profundidad, logrando una mayor apertura.

3. Imagina que puedes entrar a tu corazón. ¿Cómo te sientes de estar ahí? ¿Qué sensaciones surgen? Y si pudieras verlo, ¿cómo se ve? ¿Qué hay dentro de tu corazón?

4. Haz un recorrido por tu corazón. Observa. ¿Qué recuerdos guardas en él? ¿Qué sentimientos has guardado a través del tiempo? ¿Qué sentimientos están vigentes hoy? ¿Cuáles son las alegrías que existen en tu corazón? Observa el amor... ¿Cuánto amor hay en tu corazón? Y qué hay de la tristeza... ¿Cuánta tristeza aún cargas en él? ¿Cuánto dolor? ¿Cuánto enojo? ¿Cuánto miedo? Sigue observando y sintiendo tu corazón... ¿Qué más ves?

5. Detente frente a los anhelos... ¿Qué anhela tu corazón? Pregúntale y observa si hay algo de miedo tapando ese anhelo. Retira ese miedo y observa exactamente a qué se refiere. Ve si detrás del miedo existe algún prejuicio que te separe de tu anhelo. ¿Hay alguna creencia que no te permita alcanzar ese anhelo? Imagina que puedes tomarlos con tus manos, obsérvalos... ¿Qué tan válidos son estos miedos, estos prejuicios, estas creencias? ¿De verdad son reales? Envíales luz desde tu corazón y observa cómo se empequeñecen en tus manos. Ahora sóplales y simplemente déjalos ir.

6. Regresa a tus anhelos. Ahora que quitaste los «no», pregúntale a tu corazón «cómo sí». ¿Cómo sí puedo lograr estos anhelos, cómo sí puedo alcanzarlos? Y deja que te muestre los pasos a seguir para llegar a ellos.

7. Ahora toma tus anhelos en tus manos. Imagina que cuando los viste por primera vez, en esta meditación, eran como un diamante en bruto; al quitar los miedos, los prejuicios y las creencias, lo fuiste purificando, puliendo y en este momento es un hermoso y luminoso diamante tallado. Obsérvalo... Observa tus sueños y tus anhelos reluciendo dentro de este diamante, visualiza cómo brilla.

8. Entrega a Dios este diamante reluciente que contiene tus sueños, ponlo en sus manos, siente la confianza de que Dios te mostrará la

manera de convertir estos sueños en realidad, de que Él y los ángeles te mostrarán el camino, te dirán cómo lograrlos y te empujarán a dar los pasos necesarios para alcanzarlos.

9. Con esta confianza, lleno de esperanza, poco a poco comienza a regresar a ti. Respira, inhala, exhala. Regresa a tu cuerpo, mueve muy despacio tus manos y tus pies. Muy despacio, a tu tiempo y ritmo, abre los ojos.

## *Nunca dejes de soñar*

*Mi niña hermosa:*

*Sabemos que a veces te pones triste porque piensas que tus sueños no se van a realizar o porque los ves lejanos o difíciles de concretizar.*

*Recuerda, niña amada, que nosotros los ángeles estamos siempre trabajando en tus sueños. Tú, a través de tus pensamientos y de tus deseos, nos das la materia prima que nosotros transformaremos en realidad.*

*Cuando dudas, cuando no creés, cuando dejas de confiar, es como si retrocedieras y con tus pensamientos negativos, empañas y bloqueas el trabajo que nosotros hacemos para ti.*

*Mi niña, te recuerdo que nosotros vemos más allá de lo que tus hermosos ojos pueden vislumbrar. Y ahí, donde tú no encuentras una solución, nosotros vemos un mar de posiblidades infinitas.*

*Es por eso que te pedimos que confíes, no importa qué tan imposibles parezcan tus sueños, ni qué tan lejana te sientas de realizarlos… ¡Nunca, nunca dejes de soñar!*

*Déjanos construir puentes donde no hay caminos, castillos donde no hay morada y un nido de amor donde antes había dolor.*

*Déjanos llenar tu vida de pequeños y grandes milagros.*

*Te amamos incondicionalmente.*

*Arcángel Jofiel*

- **Visualizar**

*Me acuerdo que de niña me regañaban mucho por soñar despierta. Me podía pasar horas en el mundo de los sueños, fantaseando con todo aquello que me hacía feliz. Hace unos años, nos reunimos toda la familia para ver las películas de cuando éramos niños. Fue muy divertido ver cómo éramos y cómo algunos de nosotros seguimos comportándonos igual.*

*En mi caso, después de las películas, le comenté a mi hermana mayor: «Oye, yo de chiquita siempre andaba soñando despierta y en las nubes, ¿verdad?». Ella me respondió afirmativamente y yo le contesté riéndome y con una broma: «Jajaja, qué chistoso, lo sigo haciendo y ahora hasta me pagan por eso».*

La realidad es que un paso muy importante para concretizar nuestros sueños es… ¡soñarlos! He visto, en mis cursos y con mis pacientes, que a muchas personas les enseñaron o aprendieron a reprimir sus sueños; en algunos casos como una forma de no generar expectativas que «no se pueden cumplir» o en otros casos para no generar realidades que «se salen del huacal».[2]

¿Cómo voy a saber qué es lo que mi ser anhela, lo que mi corazón sueña, lo que mi alma necesita, si no le permito expresarse? Y es justamente a través de soñar despierto que el alma encuentra una

---

2. «Salirse del huacal» es una expresión que usamos en México para señalar una situación que se sale de lo normalmente aceptable, de lo cotidiano, de lo controlable o de lo común.

forma de expresión. Es a través de estas visualizaciones que podemos descubrir lo que en realidad deseamos.

El cerebro humano no distingue entre la realidad y la fantasía; todo aquello que vivimos en nuestro mundo de ensueño, genera sentimientos, al igual que si lo estuviéramos viviendo en el mundo de realidad. Cuando de manera consciente elegimos visualizar aquello que deseamos, estamos recreando también los sentimientos que conllevan a la realización de ese sueño. Al visualizar y sentir que lo logramos, estamos realmente atrayendo esta nueva situación a nuestra vida.

*Al divorciarme, una de mis preocupaciones más grandes era tener un lugar agradable, digno y seguro donde pudiéramos vivir mis hijos y yo. Todas las noches antes de dormir visualizaba mi departamento, hacía un recorrido con mi mente por todas las áreas; tenía claro lo que quería: un departamento en un conjunto con seguridad las 24 horas, un lugar agradable con áreas verdes; el departamento tendría que tener estancia, cocina, tres recámaras y el cuarto de servicio integrado; siempre que lo visualizaba pensaba que de mi sala y mi comedor tendría vista a un jardín.*

*Si bien el departamento en donde vivo actualmente no es exactamente igual al que imaginé, si es un 90% muy parecido. Supe que este era mi departamento cuando vi desde la ventana del comedor un jardín con un gran árbol. Hoy estoy en el proceso de visualizar una nueva casa con jardín.*

---

## EJERCICIO N.º 7: VISUALIZAR MIS SUEÑOS

---

Busca un espacio adecuado para estar a solas, tranquilo y donde no seas interrumpido.

1. Cierra tus ojos y haz una respiración profunda y concéntrate en tu ritmo respiratorio, haciéndolo cada vez más lento y de manera más consciente.

2. Cada vez que inhales date permiso de soñar, cada vez que exhales suelta todos aquellos pensamientos que obstaculizan acercarte a tus sueños.

3. Visualiza tu sueño. ¿Qué es lo que sueñas? ¿Cómo es? Visualiza detalles: qué hay en tu sueño, cómo está conformado, qué elementos tiene, etcétera.

4. Visualízate en tus sueños. ¿Cómo es estar ahí? ¿Qué haces al estar en ellos?

5. ¿Cómo te sientes al vivir tu sueño? ¿Qué sentimientos surgen? Déjate sentirlos, vivirlos, etcétera.

6. Agradece. Tu sueño está siendo concedido.

7. Respira profundamente, vuelve poco a poco al aquí y al ahora, y cuando estés listo abre los ojos.

- **Expresar**

En realidad, no importa cómo lo expreses, lo importante es plasmar de alguna manera tu deseo. Al hacerlo adquieres claridad para ti mismo y le permites al universo darte exactamente lo que deseas.

✓ Cartulina de deseos

La cartulina de deseos es una manera más gráfica de plasmar nuestros deseos y manifestaciones. En lo personal me gusta mucho esta forma porque al tener la cartulina en algún lugar visible constantemente me recuerdo a mí misma los sueños que aún tengo por alcanzar.

Como lo dice su nombre, es una cartulina en la que plasmamos de una manera gráfica nuestros deseos mediante dibujos, fotografías, recortes de revistas, etcétera.

La forma en la que elaboramos la cartulina en mi curso de abundancia, es enfocándonos en cada uno de los siete chakras y en los aspectos que representan, observando y aceptando cómo estamos en la actualidad y visualizando lo que deseamos. De esta manera me aseguro de que la abundancia que estamos manifestando abarque todos los aspectos y no únicamente los aspectos materiales o físicos. (Esto lo explicaré más ampliamente al iniciar el capítulo 4).

*En alguno de mis cursos de «Manifestando la Abundancia con los Ángeles», un alumno llamado Víctor decidió manifestar un automóvil; dado que Víctor es diseñador, no tuvo ningún problema en dibujar en su cartulina una camionetita roja. No había pasado ni una semana del curso cuando el coche que Víctor tenía en ese momento comenzó a fallar y sincrónicamente en esa misma semana recibió una carta del banco en la que le decían que por el buen manejo de su cuenta bancaria, tenía un crédito preaprobado a tasa preferencial. Víctor decidió asomarse a la agencia para ver la camioneta roja que le gustaba. Para su sorpresa ¡el dinero que le ofrecía el banco era justo lo que necesitaba para comprarla! No habían pasado tres semanas desde que Víctor había plasmado su deseo en la cartulina, cuando ya había vendido el coche anterior y estaba estrenando la camioneta roja.*

✓ Escribir, pintar y expresar verbalmente

Procurar hacerlo en tiempo presente, como si ya estuviera ocurriendo y agradecerlo siempre. Por ejemplo, si voy a manifestar un nuevo trabajo, decir: «Trabajo en un lugar tal, con un sueldo tal, en tales condiciones». Omitir los quiero, imagino, deseo, etcétera, porque es como decirle al universo que nuestro deseo es seguir anhelando tal o cual cosa. Termina siempre con un agradecimiento: Agradezco que ya está sucediendo.

Recuerda sentir la emoción o el sentimiento que acompaña la realización del deseo.

✓ 111 o 11:11

En la numerología angelical el 1 representa un portal para manifestar. El número 1 es el lugar en donde empieza la creación y es justo en el sueño, en la fantasía, en donde empezamos a crear aquello que posteriormente será concretizado.

Es por eso que siempre que veas un 111, 1:11, 11:11 recuerda que es el universo dándote la oportunidad de manifestar tus sueños.

Lo único que tienes que hacer es expresar tu deseo (en tiempo presente y agradeciéndolo) o bien cerrar tus ojos para visualizarlo al momento. Y, como siempre, confiar en que aquello que estás pidiendo te será otorgado.

- **Agradecer**

Una de las mejores maneras de cocrear abundancia es a partir del agradecimiento. Cuando agradecemos nos centramos en lo positivo de nuestra vida, focalizamos nuestra atención, nuestros pensamientos y sentimientos en algo que nos resulta beneficioso.

Cuando agradecemos generamos un sentimiento de vibración muy alta, muy parecido al amor incondicional; recordemos que entre más alto vibremos, más rápido estaremos concretizando nuestros deseos. Entonces las manifestaciones que se realizan desde el agradecimiento son factibles de concretizarse en menor tiempo.

Aun en circunstancias adversas, siempre habrá algo qué agradecer: un despertar, un aprendizaje o una bendición escondida. Cuando somos capaces de ver estos aspectos positivos, aun en situaciones aparentemente negativas, empezamos a entender que todo lo que nos sucede es benéfico y empezamos realmente a transformar nuestra realidad.

Cuando nos acostumbramos a agradecer todo lo que sucede en nuestras vidas, estamos poniendo nuestra visión en la abundancia y no en la carencia, entonces entramos en una espiral ascendente, en un círculo virtuoso en el que estamos en una constante cocreación de abundancia.

---

## EJERCICIO N.º 8: AGRADECER

---

Recomiendo que este ejercicio se haga de manera cotidiana, antes de dormir, y que para elaborarlo se tenga una libreta especial en la mesa de noche.

1. Cierra tus ojos y haz una respiración profunda y concéntrate en tu ritmo respiratorio, haciéndolo cada vez más lento y de manera más consciente.

2. Con tu mente, haz un recorrido por todo tu día, desde el instante en que te despertaste hasta este momento en el que estás a punto de ir a dormir. Piensa en todos los momentos que viviste, lo bueno y lo malo.

3. Agradece lo bueno, todas las situaciones agradables que tuviste en el día, las cosas que salieron bien o mejor de lo que esperabas, los momentos en los que te sentiste satisfecho y contento. Abre tus ojos y escribe en tu libreta una lista de todos estos agradecimientos.

4. Vuelve a cerrar tus ojos. Ahora piensa en todas aquellas situaciones adversas que viviste durante el día. Seguramente de estas situaciones negativas aprendiste algo u obtuviste algún beneficio; seguramente hubo muchas bendiciones escondidas atrás de ellas. ¿Cuáles fueron estos aprendizajes, estos beneficios, estas bendiciones? Agradécelas.

5. Ahora abre tus ojos y escribe los nuevos agradecimientos en tu libreta. Seguramente te darás cuenta de que aquello aparentemente malo, no fue tan negativo al final.

## La importancia de ser agradecido

*Hermanos:*

*Una vez más hacemos hincapié en la importancia que tiene el ser agradecido; cuando les decimos que agradezcan, no lo hacemos en función de que nosotros los ángeles o Dios mismo necesitemos de esta alabanza, sino en función de que aprendan a elevar su sistema energético y a crear una realidad más plena ustedes mismos.*

*Cuando tú agradeces, suceden muchas cosas. Antes de dar gracias necesitas tener algo qué agradecer, esto quiere decir buscar en ese momento, en ese espacio, algo positivo que te haya sucedido. El simple hecho de ser agradecido te obliga a centrar tu atención en lo positivo. No agradeces la carencia, normalmente agradeces lo que sí hay. Con enfocarte en la parte positiva, ya estás generando tener una perspectiva diferente de la vida.*

*En segunda instancia, cuando agradeces y lo haces desde el corazón, generas que su energía se expanda y con esto, abres tu corazón, entras en contacto con tus sentimientos y tu ser interior.*

*Por último, el agradecimiento y el amor son una de las vibraciones más altas que hay; cuando agradeces elevas tu vibración personal.*

*¿Por qué hacemos tanto énfasis en esto? Las situaciones que atraes a tu vida van de acuerdo a tu vibración personal, a tus pensamientos, sentimientos y, por supuesto, a tus acciones. En la medida en la que cuides que estos cuatro aspectos sean congruentes y positivos, atraerás a tu vida situaciones benevolentes para ti; si tu vibración personal está baja, tus pensamientos y sentimientos negativos, seguramente estarán atrayendo situaciones poco favorables.*

*En la medida en la que tú eleves tu vibración personal ayudarás a tu entorno a elevarse; cuando tú te vuelves positivo, iluminas tu entorno y modelas a otros la posibilidad de hacerlo.*

*Entre más seres eleven su energía personal, más se elevará la energía de tu familia, grupo, comunidad y hasta la del planeta.*

*¿Te das cuenta de la trascendencia que tiene lo que te digo?*

*Recuerda: ser agradecido te ayuda a centrarte en lo positivo (pensamiento), a abrir tu corazón (sentimiento) y a elevar tu vibración personal. Con esto atraes hacia ti una realidad más plena (acción) y ayudas a iluminar tu entorno.*

*En cada momento, en cada situación de tu vida, pregúntate: ¿Qué tengo que agradecer de esta situación?, y acostúmbrate a ser agradecido.*

*Te amamos y te estamos acompañando siempre.*
*Arcángel Uriel*

## Permitir que los milagros sucedan

Una vez que lanzaste tu intención al universo, no importa el método que hayas utilizado, suelta tu deseo. Deja que Dios y los ángeles se encarguen de concretizarlo; conviértete en un observador de lo que sucede, abre bien los ojos y el corazón para ver y para sentir las oportunidades que se vayan presentando.

No te preocupes, porque al hacerlo, vibrarás en miedo contrarrestando la energía que pusiste al crearlo. ¡Confía! Tu deseo ya está en las mejores manos.

### *Confiar en el proceso de la concretización de los deseos*

*Querido mío:*

*No te sientas frustrado porque las cosas no suceden como tú imaginaste. Recuerda que has pedido nuestra ayuda una y otra* vez, has manifestado una realidad mucho más plena que la que estás viviendo. Pues bien, ahora déjanos actuar. Estamos trabajando en tus deseos, entiende que a veces necesitamos demoler lo viejo para poder construir lo nuevo. Cuando hablo de demoler lo viejo estoy hablando de quitar de tu vida todo lo que no sirve: esa relación que no tiene pies ni cabeza y que te lastima; ese trabajo que te aburre y en el que no tienes ninguna expectativa de crecimiento, esos hábitos que estorban tu desarrollo o esas creencias que te limitan.

Entiende que a ustedes los humanos, en sus procesos de apegos, les duele cuando esto sucede. Piden mil y un veces que les ayudemos a avanzar, pero cuando quitamos el obstáculo a vencer, se atoran, sufren y lloran. Se cuestionan cómo van a vivir sin el obstáculo y entonces, ¿qué pasa? Piden al cielo que regrese el obstáculo a su vida, bloqueando totalmente el proceso en el que les estamos ayudando a construir una vida más plena.

¿Te das cuenta de lo que te digo? Es por eso que hoy te envío este mensaje. Siempre vas a contar con nosotros. SIEMPRE. Siempre que pidas nuestra ayuda, te será otorgada. Pero recuerda que nosotros los ángeles somos sumamente respetuosos de lo que llamamos libre albedrío. Entonces el que debe tomar las decisiones de moverse hacia una realidad más plena eres tú.

¿Qué es exactamente lo que requerimos?

1. **Tener claridad en los deseos, sueños, metas.** Ser claro en lo que quieres y mantener esta claridad contigo mismo y hacia el exterior.
2. **La satisfacción de los deseos conlleva un proceso.** Quizá vas a tener que soltar algo o aprender alguna habilidad o adquirir cierta experiencia o aprendizaje para lograrlo; te vamos a llevar paso a paso y te estaremos acompañando.

3. *¡Desapego!* *Si lograr tu sueño o meta implica desapegarte de una situación, hazlo. Sé congruente con tus sueños; por muy difícil que te parezca siempre hay una forma de lograrlo.*

4. *¡Confía en el proceso!* *A veces para llegar al otro lado hay que cruzar el río y te vas a tener que mojar, pero confía en que te estamos acompañando y no vamos a permitir que suceda nada que no sea para tu más alto bien o aprendizaje (a veces nos suceden situaciones que no nos gustan del todo, pero que nos dejan grandes enseñanzas).*

5. *Déjanos actuar.* *Nosotros tenemos una perspectiva más amplia que ustedes; no te aferres a una sola forma (persona) para lograr lo que deseas; quizá nosotros estamos desde nuestra perspectiva viendo una mejor solución (puede ser que la felicidad que deseas no esté con esa persona o que requieras cambiar de compañía para lograr esa posición que tanto anhelas).*

6. *Ten fe y esperanza.* *Eso que nos pediste y por lo que hemos trabajado conjuntamente (tú y nosotros) va a llegar cuando menos te lo esperas.*

*¿Lo entiendes? Entonces, en pocas palabras, nuestra función es recordarte que mereces ser feliz y vivir en plenitud; estamos aquí para ayudarte a lograrlo, para recordarte que está en ti salir de la cárcel que tú mismo te has construido.*

*Te pedimos que cuando pidas nuestra ayuda, nos dejes actuar en tu vida y que CONFÍES en el proceso, teniendo fe en que eso que tanto deseas te será otorgado.*

*Te amamos y te estamos acompañando.*
*Arcángel Miguel*

# 4

# Aspectos que conforman la abundancia

## (y lo que me han enseñado los ángeles al respecto)

### Los chakras y la abundancia

¿Qué tienen que ver los chakras con la abundancia? La primera vez que los ángeles me hablaron de los dos temas de manera conjunta me sentí muy confundida. Sin embargo, entre más me explicaban la relación, me resultaba más clara la conexión entre ambos.

Empezaré por explicarte qué son los chakras. Nuestro cuerpo energético está compuesto de diversos elementos, los más importantes son el aura y los chakras. La palabra chakra significa *rueda* en sánscrito. Los chakras son ruedas de energía que giran en el sentido de las manecillas del reloj. Tenemos chakras en todo nuestro cuerpo, sin embargo, los más importantes son **siete** y están alineados a lo largo de nuestra columna vertebral y la cabeza: chakra Muladhara o de la raíz; Svadhisthana o sacro; Manipura o del plexo solar; Anahata o del corazón; Vishuddha o de la garganta; Ajna o del tercer ojo y Soma o de la coronilla.

Cada chakra rige diferentes aspectos de nuestra vida. Cuando prestamos atención a nuestros centros energéticos y procuramos tenerlos balanceados y alineados, la energía fluye mejor y nos favorece, permitiéndonos vivir en mayor armonía y paz.

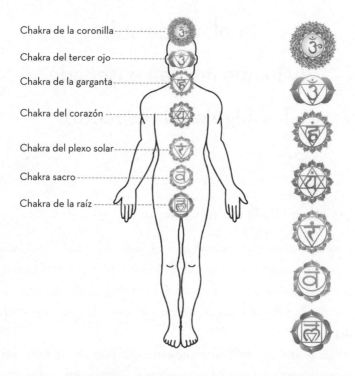

Chakra de la coronilla

Chakra del tercer ojo

Chakra de la garganta

Chakra del corazón

Chakra del plexo solar

Chakra sacro

Chakra de la raíz

- **Chakra de la raíz:** se ubica en la base de la espina dorsal (coxis), es de color rojo y está directamente relacionado con el mundo material, con la tierra, con el arraigo, con la necesidad de pertenecer a un grupo y de concretizar los sueños. En este chakra encontramos los aspectos relacionados con trabajo, seguridad, economía, bienes materiales, etcétera.

- **Chakra del sacro:** se encuentra ubicado en el bajo vientre (abajo del ombligo); es de color naranja y está relacionado con el cuerpo físico, con el concepto que se tiene del mismo, con la salud y la sexualidad, así como con la creatividad, el goce y disfrute de la vida.

- **Chakra del plexo solar:** se ubica a la altura del estómago (abajo del esternón), es de color amarillo y está directamente relacionado con la autoestima, la valoración personal, la autodeterminación, la perseverancia, el poder personal, el amor y el respeto por uno mismo.

- **Chakra del corazón:** se ubica en el centro del pecho, es de color verde y se relaciona con la capacidad de amar (a sí mismo y a otros), con las relaciones y los vínculos que se sostienen con otras personas, la compasión y los sentimientos.

- **Chakra de la garganta:** se ubica en el centro de la garganta, es de color azul y está directamente relacionado con la comunicación, con la expresión asertiva de los pensamientos, los sentimientos y la verdad personal. Está conectado con los chakras de los oídos y con la capacidad de escuchar y de ser empático con los demás.

- **Chakra del tercer ojo:** se ubica en el centro de la frente, es de color azul índigo (aunque de manera personal, últimamente lo veo con los colores del arcoíris), está relacionado con la inteligencia, la sabiduría, la intuición, la comunicación con los ángeles y los arcángeles.

- **Chakra de la coronilla:** se ubica en la parte superior de la cabeza, es de color morado y está directamente relacionado con la espiritualidad, la relación con Dios, la conciencia cósmica y la disposición a recibir guía Divina y a confiar.

Una persona total y absolutamente plena, balanceada y feliz es aquella que tiene sus siete chakras alineados; la energía se encuentra distribuida de manera equitativa entre ellos, perfectamente balanceada. Una persona espiritualmente plena no es aquella que tiene el séptimo chakra más abierto que el primero, ni quien tiene la energía concentrada en los chakras raíz, sacro y plexo solar.

## Una persona que vive en abundancia pone atención y busca desarrollar cada aspecto de su vida

### Chakras alineados y balanceados

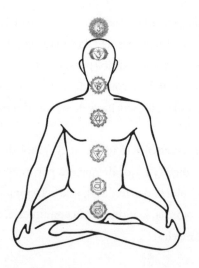

# Aspectos que determinan el flujo de energía en cada chakra

A lo largo de mi caminar espiritual, los ángeles me han ido guiando sobre cada uno de los aspectos que están representados en nuestro cuerpo energético.

A través de sus mensajes, de las terapias, de los cursos y de las canalizaciones me han dejado saber de qué manera podemos vivir en abundancia al desarrollar cada una de estas áreas.

---

EJERCICIO N.º 9: RECONOCER MIS CHAKRAS
Y BALANCEAR LA ENERGÍA

---

Busca un lugar en donde puedas estar en paz y en completa quietud; adopta una posición que te resulte cómoda y cierra tus ojos.

1. Haz una respiración profunda y concéntrate en tu ritmo respiratorio, haciéndolo cada vez más lento y de manera más consciente.

2. Vuelve a inhalar profundamente y esta vez centra la atención en el peso de tu cuerpo. Empieza por sentir cuán pesada es tu cabeza y la presión que ejerce sobre tu cuello, el peso de tus hombros, de tus brazos; hazte consciente de tu posición, en dónde recae el peso de cada una de estas partes que te conforman; sobre qué están haciendo presión. Con tu mente, haz un recorrido por todas las partes de tu cuerpo. Si te es más fácil, imagina que este se va pintando de algún color.

3. Sigue respirando despacio, profundamente y visualiza cómo empiezan a crecer raíces de tus pies... ¿Cómo son estas raíces? ¿Son frágiles o fuertes? ¿De qué color son? ¿Son delgadas o anchas? Al ritmo de tu respiración observa cómo crecen, atravesando el piso, la tierra...

Sigue respirando y sigue viendo el crecimiento de tus raíces hasta llegar al centro de la Tierra.

4. Nota cómo con cada respiración, jalas energía desde el centro de la Tierra y la llevas hasta tus pies; con cada inhalación permites que esta energía suba por tus piernas, tu cadera, tus glúteos, tu espalda, tu torso, tu cuello, tu cabeza. Todo tu cuerpo está conectado con la tierra, estás arraigado, eres uno con la Tierra.

5. Centra tu atención en tu corazón, haz una respiración profunda y al exhalar pon tu corazón en el aquí, el ahora, en este momento de introspección que estás teniendo.

6. Sube la atención a tu coronilla, justo al centro de tu cabeza y desde ahí observa cómo te conectas con el cielo.

7. Lleva tu atención a tu primer chakra; el chakra de la raíz; esa esfera de luz roja ubicada a la altura de tu coxis. Sostén la intención de soltar todos aquellos pensamientos, ideas, creencias que boquean el flujo de tu energía con respecto a tu seguridad, sustento económico, bienes materiales, trabajo y arraigo. Sustitúyelos por afirmaciones como: «YO ME SIENTO SEGURO EN EL MUNDO, SOY CAPAZ DE SOSTENERME SOBRE MIS PROPIOS PIES, GENERO LOS INGRESOS SUFICIENTES PARA VIVIR EN ABUNDANCIA Y PROSPERIDAD. MI TRABAJO ES FUENTE DE CRECIMIENTO Y DE SATISFACCIONES MATERIALES, PROFESIONALES Y PERSONALES». Observa cómo tu primer chakra se ilumina y se engrandece.

8. Observa tu segundo chakra, el sacro, esa esfera de luz naranja ubicada justo debajo de tu ombligo. Sostén la intención de disolver las áreas de oscuridad relacionados con los pensamientos y/o sentimientos negativos relacionados con tu cuerpo, salud, sexualidad, aspecto físico, hábitos y adicciones que obstaculizan el flujo de la

energía. Sustitúyelos con las siguientes afirmaciones: «YO ACEPTO Y AMO MI CUERPO TAL CUAL ES, ESTOY TOTAL Y ABSOLUTAMENTE SANO, CADA CÉLULA DE MI CUERPO VIBRA EN SALUD; VIVO MI SEXUALIDAD PLENAMENTE E IMPRIMO UN TOQUE DE CREATIVIDAD A CADA DÍA DE MI VIDA». Observa cómo tu segundo chakra se ilumina y se expande.

9.  Visualiza tu tercer chakra, el plexo solar, esa esfera de luz amarilla ubicada en la boca del estómago. Ve cómo se disuelven las áreas de oscuridad en tu plexo solar, mientras tomas conciencia de cuáles fueron los pensamientos/sentimientos negativos relacionados contigo mismo, con tu autoestima, con tu seguridad personal, con la forma en la que ejerces tu poder o permites que otros lo ejerzan sobre ti, con las culpas y los chantajes que ocasionaron estos obstáculos. Sustituye estos pensamientos con afirmaciones: «YO SOY UNA PERSONA VALIOSA, MERECEDORA DEL RESPETO Y EL CARIÑO DE LOS DEMÁS. SOY ÚNICO E IRREPETIBLE, PERFECTO EN MI IMPERFECCIÓN. LO QUE YO APORTO AL MUNDO ES MUY VALIOSO. ME AMO A MÍ MISMO». Observa tu plexo solar iluminado, pleno.

10. Siente y observa tu cuarto chakra, tu corazón, la esfera verde que se encuentra justo al centro de tu pecho. Libera las áreas de oscuridad en tu corazón, mientras tomas conciencia de cuáles fueron los pensamientos/sentimientos negativos relacionados con tu capacidad de dar y recibir amor, sentimientos no procesados y tu forma de relacionarte con las personas que te rodean que ocasionaron estas áreas oscuras. Sustitúyelos con las siguientes afirmaciones: «YO ABRO MI CORAZÓN, YO DOY Y RECIBO AMOR EN ABUNDANCIA. SOY CAPAZ DE PROCESAR Y EXPRESAR MIS SENTIMIENTOS. SOSTENGO RELACIONES SANAS, AMOROSAS Y ARMÓNICAS CON TODOS LOS QUE ME RODEAN». Observa tu chakra del corazón iluminado y expandido.

11. Visualiza tu quinto chakra, la esfera azul, que se encuentra en tu garganta. A través de tu intención, disuelve las áreas de oscuridad en este chakra, mientras tomas conciencia de cuáles fueron los pensamientos/sentimientos negativos relacionados con tu capacidad de expresarte (ser demasiado pasivo o agresivo en tus comunicaciones, no hablar desde tu verdad, expresar situaciones negativas sobre ti o sobre otros, o no escuchar a los demás) y que ocasionaron estas áreas oscuras. Sustitúyelas con las siguientes afirmaciones: «YO SOY COMUNICACIÓN ASERTIVA Y SANA. YO ME EXPRESO FIRMEMENTE DESDE MI VERDAD, AFIRMO LO QUE PIENSO Y SIENTO, CON FACILIDAD. ESCUCHO ATENTAMENTE A LOS QUE ME RODEAN. TODO AQUEL QUE SE CRUCE EN MI CAMINO SE VERÁ BENEFICIADO CON MI PALABRA». Observa tu chakra de la garganta iluminado.

12. Lleva tu atención a tu sexto chakra, tu tercer ojo, la esfera azul índigo que se encuentra justo al centro de tu frente. Disuelve a través de tu intención las áreas de oscuridad causadas por pensamientos/sentimientos negativos relacionados con tu capacidad de intuir, con no ser lo suficientemente inteligente o sabio o tener miedo de ver con claridad. Sustitúyelos con las siguientes afirmaciones: «YO SOY PROFUNDAMENTE INTELIGENTE, SABIO E INTUITIVO. YO CONECTO CON LA FUENTE DE LA SABIDURÍA DEL UNIVERSO. RECIBO INFORMACIÓN Y GUÍA CONSTANTE DE MIS ÁNGELES Y PONGO ESTA SABIDURÍA AL SERVICIO DE LOS QUE ME RODEAN». Observa tu tercer ojo iluminado y engrandecido.

13. Observa tu séptimo chakra, tu coronilla, la esfera morada sobre tu cabeza. Disuelve las áreas de oscuridad en tu coronilla, mientras tomas conciencia de cuáles fueron los pensamientos/sentimientos negativos relacionados a la forma en que te vinculas con Dios (conceptos religiosos/espirituales que te alejan de Él, falta de fe y con-

fianza, etcétera) que ocasionaron estos bloqueos. Sustitúyelos por las siguientes afirmaciones: «YO SOY UNO CON DIOS, ÉL VIVE EN MÍ Y YO EN ÉL. ÉL ENTRA EN MI VIDA E INTERACTÚA EN CADA UNO DE LOS ASPECTOS QUE LA CONFORMAN. YO CONFÍO. CUANDO DIOS VIVE EN MÍ, SOY MÁS GRANDE QUE MIS MIEDOS». Observa tu chakra de la coronilla iluminado y expandido.

14. Tómate un momento para observarte completo, totalmente iluminado y expandido. Disfruta ver tus chakras formando un arcoíris radiante a lo largo de tu columna vertebral.

15. Poco a poco regresa a tu cuerpo, al lugar en donde te encuentras físicamente; hazte consciente de tu respiración, de tu cuerpo, empieza a mover lentamente tus manos, tus pies, respira profundamente y cuando estés listo, abre los ojos.

## Aspectos que conforman la abundancia: chakra por chakra

### PRIMER CHAKRA
#### La base de todo: Tus raíces

## ¡Dinero, dinero, dinero!

Hablar de dinero, la mayoría de las veces, es entrar en controversia. No es que el dinero *per se* sea malo ni bueno, sino que tenemos un sinnúmero de conceptos y sentimientos relacionados con él.

Debido al sistema capitalista en el que crecimos, el dinero tiene mucho poder; representa el don que nos da o nos quita los bienes, la felicidad, el amor y hasta la misma salud.

Es por eso que lo encontramos en el mundo de las ideas y los conceptos como el único vehículo que nos lleva a la felicidad (o en su caso contrario que nos la quita). Cuando existe en abundancia es el portador de buenas noticias y el que nos da calidad de vida; cuando no existe o es escaso representa la miseria, la tristeza, la enfermedad.

La forma en la que cada uno de nosotros vemos el dinero va a depender de muchos factores: qué tan presente está y ha estado a lo largo de nuestra vida, qué escuchamos y qué aprendimos sobre el dinero en la infancia, qué tanto peso le damos y qué tan abundante o carente es en nuestra vida.

Todos estos factores van a influir en la relación que tengamos con el dinero; es decir, la forma como lo idolatramos, lo amamos, lo odiamos, lo despreciamos, lo atesoramos, lo cuidamos en exceso, lo anhelamos, lo rechazamos, lo soltamos, lo retenemos, etcétera, va a depender de qué aprendimos de él, cuál es el concepto que tenemos de él y cómo nos sentimos al respecto.

*Crecí en el seno de una familia de banqueros y, por si fuera poco, después me casé con otro financiero; en mi entorno el dinero recibía demasiada importancia. Casi se podía decir que el dinero era lo más importante. Si bien nunca me hizo falta nada, en mi familia el dinero era más bien escaso. Mis padres se separaron cuando yo tenía 4 años y recuerdo que mi papá no cumplía siempre con mandar la pensión alimenticia a tiempo; en repetidas ocasiones mi mamá nos pedía que fuéramos nosotros quienes le habláramos a mi papá para pedirle la pensión; la mayoría de las veces esta llamada terminaba en una discusión. Recuerdo que esto me resultaba por demás desagradable, era un momento de mucha tensión para mí y siempre terminaba con un mal sabor de boca y con el pensamiento de «maldito dinero, solamen-te trae problemas».*

*Por supuesto que crecí con esta idea de que el dinero solamente traía problemas, que era despreciable y que entre más lejos me encontrara de él, más feliz sería. El universo me dijo «concedido». Primero me mandó un marido que se encargaba de todo lo referente al dinero; de esta forma yo no me tenía que preocupar ni acercar a él, pero al divorciarme no tuve otra opción más que reconocer que la forma de relacionarme con el dinero era pésima: me costaba trabajo recibirlo, pedirlo, guardarlo, entregarlo; de alguna manera lo seguía despreciando y esto lo reflejaba desde la manera en que lo arrugaba y lo aventaba a mi bolsa, hasta la manera en que lo mantenía alejado de mí.*

*Así que tuve que sanar mi relación con el dinero, buscar una reconciliación con esta energía, aceptar que tenía muchas ideas, prejuicios y conceptos erróneos sobre él, entender que no es tan malo como yo lo pensaba y que, al contrario, hoy, gracias al dinero, puedo tener una serie de satisfactores que me hacen vivir de una forma mucho más abundante.*

En el extremo opuesto está la historia de Carlos, quien, al tener una buena relación con el dinero, ha logrado prosperar económicamente y ha ayudado a su familia.

*Carlos creció en una familia de clase media, en la que no faltaba nada, pero tampoco se vivía en la opulencia. Por alguna razón Carlos creció con la idea de que en la medida en la que compartiera lo que tenía con los demás, Dios le daría mucho más. A muy corta edad Carlos inició su propio negocio, siempre compartiendo con su familia lo poco o mucho que tenía; dada su creencia, hoy, es el dueño de una compañía próspera que continúa en expansión.*

El universo responde a nuestras creencias y pensamientos tanto positivos como negativos. En ambos casos el universo dijo: ¡Concedido!

Revisar las creencias, las ideas, los prejuicios que se tienen con relación al dinero es de vital importancia para poder generar prosperidad económica.

## Dejar de endiosar al dinero

En este mundo materialista en el que vivimos es muy fácil que el dinero se vuelva un «dios». Basta darnos cuenta del trato diferenciado que se recibe al tener o no tener dinero. El dinero es una fuente de poder y pareciera que el objetivo primordial que mueve a la humanidad es buscar acumular dinero o los bienes que el dinero puede comprar.

De esta forma nos decidimos por estudiar una carrera que es la que nos va a permitir ganar más dinero, aunque nuestros talentos, habilidades y misión de vida vayan en otro sentido. La actividad principal para la mayoría de las personas es trabajar para ganar dinero y pareciera que no importa si el trabajo es bueno, satisfactorio, gustoso o no, siempre y cuando la paga recibida sea buena. Esto convierte nuestra vida en una carrera sin fin por el dinero y es que no importa cuánto acumulemos, pareciera que nunca será suficiente.

De repente el dinero se convierte en todo; tiene el poder de darnos seguridad, sustento, bienes materiales, salud, belleza, sexo, poder, autoestima, «amor», etcétera.

Si hacemos esto, endiosamos al dinero y basamos nuestra vida en valores banales que difícilmente nos llevarán a la plenitud. Es difícil encontrar la felicidad en la acumulación de bienes o en el amor, el sexo o la belleza física, que son comprados a través del dinero.

Dejamos de ver al dinero como un medio para lograr tener aquellos bienes, servicios, experiencias que queremos y lo empezamos a ver como el fin último a perseguir.

## Entender el dinero como un puente

Debemos entender que el dinero no es más que un puente para concretizar aquello que deseamos y que nos permite alcanzar nuestros anhelos.

No importa si tus sueños son que tus hijos estudien una carrera, tener una casa, viajar, vivir bien, tener un respaldo que te permita sentirte seguro o tener más paz interior. Siempre, detrás del deseo de tener dinero hay un ¿para qué? Una forma de restarle poder al dinero es dejar de enfocarnos en él y empezar a enfocarnos en el fin. Dejar de pensar en que necesitamos el dinero para viajar o para la universidad de nuestros hijos y empezar a enfocarnos en el viaje *per se*, en los estudios, en la casa o en nuestra seguridad.

Cuando estamos enfocados en el dinero para lograr aquello que deseamos —el fin último—, estamos decretando que solo existe un camino para llegar ahí; cuando nos enfocamos en el bien último le damos permiso al universo de mostrarnos un sinfín de caminos para lograrlo.

*En el 2013 se me metió entre ceja y oreja correr el maratón de París (como se darán cuenta ¡estas cosas me pasan seguido!). Definitivamente no me sobraba el dinero como para hacer un viaje de esta magnitud, sin embargo, lo manifesté y lo mandé en una esfera de luz al universo.*

*En noviembre, mi hija llegó un día a decirme que era la noche de ofertas de una importante tienda departamental. No teníamos nada que hacer ahí, sin embargo, me convenció de ir a dar la vuelta, «solo para ver qué había».*

*Ya en la tienda, un edecán (un hombre muy guapo vestido de smoking y muy galante) nos abordó preguntándonos si teníamos planes para viajar el siguiente año, a lo cual mi hija contestó apresurada y moviendo mucho las pestañas: «Sí, ¡vamos a París!» (¿Vamos, kimozabi?)[3]. El edecán nos comentó que la agencia de viajes de la tienda (yo ni sabía que existía una agencia de viajes dentro de la tienda) tenía una promoción de vuelos a Europa por 800 dólares a 18 meses sin intereses.*

*La realidad es que nunca se me hubiera ocurrido comprar mi boleto de avión ahí, tampoco se me hubiera ocurrido ir a la venta de noche, ni detenerme ante el edecán guapo. Y lo que sí es un hecho es que, si no hubiera encontrado una oferta como esa, no me hubiera sido posible ir a correr el maratón de París. Por supuesto tomé la oportunidad.*

Y es que cuando mandamos nuestros deseos al universo, éste nos contesta con oportunidades que pueden venir disfrazadas de mil formas diferentes. Quizá la concretización del deseo de que tus hijos tengan una buena educación venga disfrazada en forma de beca o de crédito educativo, nunca sabes.

Entonces, el dinero es un puente que une mi deseo con el satisfactor. El dinero no es el fin último, sino uno de los caminos para lograrlo. Y en ocasiones, cuando nos enfocamos en el satisfactor, el universo nos envía los medios para lograrlo:

*Héctor es uno de mis angeloterapeutas certificados. Él anhelaba profundamente asistir al Curso de Certificación y había estado ahorrando para ello; sin embargo, unas semanas antes del curso tuvo que hacer algunos*

---

3. Kimozabi: esta frase se hace famosa en la serie «El Llanero Solitario», cuando Toro, el personaje secundario, hace alusión a que él y el «Llanero solitario» son un equipo y este le contesta en forma irónica ¿Somos *Kimozabi?*, queriendo decir «no pluralices», porque es una acción individual.

*pagos imprevistos e hizo uso del dinero que tenía ahorrado. Cerró los ojos y pidió con todas sus fuerzas que le concedieran asistir al curso. En su siguiente recibo de nómina le llegó un bono inesperado justo por la cantidad de dinero que necesitaba para asistir al curso.*

*Concedido, concedido, concedido.*

## Dios también se encuentra en el dinero

Dios vive a través de todo lo que es. Nosotros, y todo lo que existe, es parte de su creación y cada célula, cada átomo que existe está impregnado con su luz. La energía de Dios está en todo.

Si esto es así, la energía de Dios está también en el dinero. Y aunque el dinero es un invento de la humanidad y nos ha servido a los humanos durante siglos para comercializar y realizar trueques, la materia de la cual está hecha el dinero proviene de la tierra y por lo tanto proviene de Dios.

Tener esta conciencia me ayudó, de manera personal, a cambiar el concepto que tengo del dinero, a ser más amigable y a aceptarlo mejor en mi vida; en pocas palabras, a tener una mejor relación con él.

Cuando tomo esta conciencia de que Dios está también ahí, sé que el dinero estará cerca de mi cuando lo necesite. Que es mi amigo, no mi enemigo y que siempre puedo contar con él.

De la misma forma, sé que es Dios quien me sostiene y ¿por qué no?, es el socio capitalista de mi negocio.

*Hace unos días, mientras entrenábamos, un amigo me platicaba que tenía que llegar a su oficina a hacer unas facturas que necesitaba para que su jefe se las pagara, ya que estaba corto de efectivo. Esto me hizo pensar, un poco en plan bromista, que yo también tenía que «pasarle una factura» a mi jefe. Al llegar a mi oficina me dispuse a meditar y a entregar a Dios todas mis preocupaciones y temores en cuanto a los pagos que necesitaba hacer en esa semana. En pocas palabras, le pasé la factura a mi jefe y como siempre, me fondeó el dinero que estaba necesitando para cumplir con todos mis compromisos.*

Si pudiera resumir mis aprendizajes, de aquel primer año divorciada, en una sola idea, sería justo esta: DIOS ES MI PRINCIPAL SUSTENTO. No nada más en lo económico, sino en cada aspecto de mi vida. En esos momentos de tanta desesperación y angustia, Él estuvo ahí para socorrerme, cargarme, sujetarme, mantenerme firme. Aun en los peores momentos, nunca me dejó caer. Y todavía hoy que mi situación económica se ha transformado para bien, todos los días al despertar le pido a Dios que sea Él quien me siga sosteniendo. Cuando esta idea se me olvida, es justo cuando siento que me tropiezo y me caigo. Mi ego se apodera de mis pensamientos y digo *no puedo*; luego me acuerdo de quién está al mando y me doy cuenta de que siempre puedo y que gracias a Él he llegado más lejos de lo que jamás pude imaginar.

## *La abundancia va mucho más allá del dinero*

*Querida mía:*

*Cuando te enfocas en los aspectos materiales, únicamente te estás enfocando en un solo aspecto de tu vida, estás dejando de lado lo más importante: el amor.*

*Los ángeles sabemos que para ustedes como sociedad el dinero ha adquirido un gran peso, que lo han endiosado, creen que si no lo tienen o no poseen lo suficiente, no pueden vivir. Se olvidan de que el dinero es solo un vehículo, una energía más que les permite adquirir cosas, comodidades, entretenimiento, conocimiento, etcéte-*

ra, que es solo una energía y que es necesario que le den el peso que realmente tiene.

Cuando pidas al universo, cuando manifiestes tus deseos, no pidas que se te dé el dinero para hacer algo, pide ese algo en particular que estás necesitando o deseando y deja que el universo actúe a tu favor. Si lo que necesitas es un bien, pídelo, si necesitas la resolución de un conflicto, pídela. Si necesitas estar libre de deudas, pide la libertad económica.

También están acostumbrados a traer a flor de piel algunas frases como: «no tengo», «no me alcanza», «no puedo». Necesitan cambiar su patrón de pensamiento; entender de una vez y por todas que Dios construyó un planeta ABUNDANTE para ti y para todos los seres humanos. Entonces, por qué insistes en tener pensamientos que tienen que ver con la carencia.

DIOS NO QUIERE QUE VIVAS EN LA POBREZA, DIOS TE QUIERE VER VIVIENDO EN ABUNDANCIA.

Pues bien, cuando hablamos de la abundancia no estamos hablando solo de lo material, la abundancia se refiere a otros aspectos. Hablamos de abundancia cuando hablamos de un trabajo que te llena de satisfacciones, de orgullo, de paz; de sentirte seguro en tu entorno, sentirte bien con tu cuerpo y tu sexualidad, sentirte capaz de lograr tus metas, amarte a ti mismo y respetarte sobre todas las cosas; cuando logras tener relaciones significativas y le das el sentido de AMOR a estas relaciones (a todas tus relaciones, no nada más a la de pareja); cuando tus comunicaciones se vuelven más personales, asertivas y profundas; cuando le haces caso a tu intuición y descubres que no estás solo, que tus ángeles estamos contigo y te acompañamos en cada momento de tu vida; cuando tienes una buena relación con Dios y descubres que también tú eres una parte perfecta de su creación, descubres que en ti YA EXISTE EL AMOR DE DIOS y que nada puede ser más abundante… TODO ESTO TAMBIÉN ES ABUNDANCIA.

*Ahora, tú eres hijo de Dios, ¿qué crees que quiere un padre para su hijo? ¡LO MEJOR! Quizá todo este proceso por el que estás pasando tiene que ver con un aprendizaje, con darte cuenta de que la felicidad que estás buscando no está en los bienes materiales; quizá todo este proceso se te está dando para que finalmente voltees a tu alrededor y puedas entender que la abundancia está aquí y es para todos. Como una muestra de esto que te digo, te invito a que salgas el día de hoy a un lugar abierto como un parque o un bosque, siente el sol en la piel, el aire, respira profundo, ve a tu alrededor y pon atención; Dios siempre te regala algo especial, te hace saber, de alguna manera, que está contigo y QUE TODO ESTARÁ BIEN.*

*Te amamos y te acompañamos.*
*Arcángel Uriel*

## Generar un flujo positivo

El dinero es energía; igual que cualquier otro tipo de energía necesita fluir. Cuando no sabemos recibirlo o lo tratamos de retener, obstaculizamos el flujo de la energía. En ambos casos, los sentimientos que genera el bloqueo de energía son derivados del miedo; miedo a recibir porque no me siento merecedora. Miedo a dar porque no confío en que llegará más.

Ya he comentado a lo largo de estas páginas que la energía que se contrapone al miedo es el amor y que una forma sencilla de enfocarnos en lo positivo es a través del agradecimiento.

Entonces los ángeles nos enseñan a recibir con amor y gratitud y a entregar con el mismo amor y gratitud.

De tal manera que cada vez que recibas algo (no nada más dinero) repite para ti mismo con tus propias palabras *lo recibo con el cora-*

*zón y agradecido.* Cada vez que entregues o pagues algo, repite para ti mismo *lo doy con el corazón y agradecido.*

A veces cuesta trabajo, sobre todo cuando se está pagando algo que resulta pesado, por ejemplo, los intereses de una tarjeta de crédito o los impuestos. En este caso, los ángeles nos recuerdan que nos enfoquemos en el beneficio que obtenemos al realizar el pago. Aunque esté pagando muchos intereses, gracias a la tarjeta de crédito pude lograr adquirir algo o si estoy pagando muchos impuestos, es gracias a que tuve mucho trabajo y muchos ingresos.

De la misma manera, otro aspecto importante para permitir que el dinero fluya es recibirlo con una mano y entregarlo con la otra. De esta forma, de manera física, logramos hacer un circuito de flujo de energía. La forma natural de hacerlo sería recibir con el lado izquierdo, que es nuestro lado femenino y dar con la mano derecha que es el lado masculino.

Tener esta conciencia del dinero como energía, nos permite elevar su frecuencia y hacerla fluir.

## Dios hace milagritos y milagrotes con el dinero

Es increíble lo que Dios puede hacer en el tema del dinero. Lo único que necesitas es pedirle lo que necesitas. He escuchado incontables historias relacionadas con un pequeño o gran milagro con el tema del dinero; personas que se encontraban en una gran necesidad y que de manera «milagrosa» obtuvieron lo que estaban necesitando. Al parecer el único requisito indispensable en este tema es pedir lo que necesitas con fe.

*María José necesitaba 6 mil pesos para completar algunos pagos que tenía que hacer. Por equivocación recibió un depósito por esa cantidad, cuando acudió al banco para aclarar el error, le informaron que no podían regresar el dinero, ya que el depósito se había realizado en efectivo directamente en ventanilla.*

*Durante los meses que duró la enfermedad de mi mamá, mi hermana y yo nos teníamos que turnar para estar con ella en el hospital, por lo tanto, mi ritmo de trabajo disminuyó, al igual que mis ingresos. En este periodo me vi en varias ocasiones apretada con respecto al dinero y sucedió un pequeño gran milagro. Por tres meses consecutivos, al querer pagar mi teléfono celular me decían que ya estaba liquidada mi cuenta. Le pregunté a mi ex marido, familiares y amigos y ninguno me había pagado el celular; pregunté entre mis conocidos y tampoco. Investigué en la compañía de telefonía celular y los pocos datos que pude indagar sobre la tarjeta con la cual se pagó mi cuenta en esos meses me resultaron totalmente desconocidos. Sigo sin saber quién pagó mi celular, sin embargo, a quien haya sido se lo agradezco profundamente. Sé que era Dios contestando mis plegarias y actuando a través de una persona.*

A veces Dios actúa de una manera diferente a la que esperamos. Podemos creer que nuestro «milagro» está en sacarnos la lotería o en conseguir ese crédito bancario, pero Dios tiene una perspectiva mucho más amplia que la nuestra sobre el problema y la forma de solucionarlo.

Una vez más, cuando pidas, simplemente confía en que Dios te dará la mejor solución.

### *El dinero también es energía*

*Queridos míos:*

*Todos ustedes han aprendido a relacionarse con el dinero de diversas formas, pero casi todos coinciden en tener una relación con el dinero que al final de cuentas es equivocada.*

*Algunos lo atesoran, le dan una importancia suprema en su vida, lo endiosan y lo convierten en el centro de su vida. Trabajan toda su vida, de sol a sol para ganarlo, lo ahorran y no lo quieren gastar, lo aprisionan, lo guardan, lo acumulan... ¿para qué? Para que al final de sus vidas sea repartido entre otras personas que pueden o no valorarlo.*

*Otros lo gastan en demasía, lo derrochan, se endeudan sin respeto y luego no saben cómo pagar lo que gastaron. Unos lo desprecian en secreto, a la vez de que se reconocen necesitados de su presencia, consideran que es el autor de grandes catástrofes y problemas. Hay quienes lo alejan con pensamientos constantes de miseria, pensando que tenerlo es inalcanzable. A algunos les genera ansiedad poseerlo y buscan gastarlo de prisa.*

*Deben de saber que el dinero no es ni bueno ni malo y ni siquiera tiene todo ese poder que ustedes le están dando. Deben de saber que el dinero solo es una manifestación más de la energía Divina Universal. Es un medio que les permite llegar a otros lugares, concretar sus sueños y obtener otros bienes.*

*Para tener una relación favorable con el dinero, deben entenderlo como una energía que requiere fluir con facilidad; no retenerlo, recibirlo con agradecimiento y alegría y dejarlo fluir de la misma manera.*

*Deben entender que el dinero es el medio, no el fin; y que es, al igual que todo lo que existe, parte de la creación, por lo tanto, parte de la Divinidad y del todo.*

*Dale la bienvenida al dinero a tu vida, deja que fluya y permite que Dios se manifieste también a través de él.*

*Con amor.*
*Arcángel Ariel*

## EJERCICIO N.º 10: MI RELACIÓN CON EL
## DINERO

Busca un lugar en donde puedas realizar este ejercicio en completa paz.
Para realizarlo necesitas un billete de cualquier denominación, un papel
y una pluma.

1.  Toma un momento para observar el billete. ¿Qué observas en él?
    ¿Qué te llama la atención? ¿Qué sensaciones surgen en ti al ver-
    lo? ¿Qué sentimientos y pensamientos surgen? ¿Qué te dan ga-
    nas de hacer con el billete: guardarlo, tomarlo entre tus manos,
    aventarlo, arrugarlo, adorarlo?

2.  Toma el billete en tus manos: siéntelo, siente su energía. ¿Qué surge
    en ti a partir de que lo tomas? ¿Qué sensaciones, qué sentimientos,
    qué pensamientos? ¿Cambia algo en ti cuando tienes el billete en
    tus manos? ¿Cómo te sientes?

3.  Sigue tocando el billete, sosteniéndolo y permite traer a tu mente:
    ¿Qué aprendiste sobre el dinero cuando eras niño? ¿Qué escuchabas
    en tu casa, qué se decía, cuál era la actitud de tus padres con respec-
    to al dinero? Y cuestiónate: ¿Cuáles de estos conceptos siguen estan-
    do presentes hoy en tu vida? ¿Cuáles son reales hoy para ti? ¿Cuáles
    has mantenido como verdad y cuáles has desechado?

4.  ¿Cuál es tu actitud con respecto al dinero? ¿Cómo es tu relación con
    él? ¿Te es fácil obtenerlo o no? ¿Te cuesta trabajo pedirlo, ganarlo,
    recibirlo, darlo? ¿Qué haces cuando tienes dinero? ¿Lo quieres gas-
    tar inmediatamente, lo quieres guardar y atesorar o simplemente lo
    dejas fluir?

5.  ¿Qué tienes que reprocharle al dinero? ¿Qué tienes que agradecer-
    le? ¿Qué necesitas pedirle?

6. Imagina que ese billete que tienes frente a ti tiene voz propia, que te puede hablar. El dinero te va a dictar una carta, toma el papel y la pluma que están frente a ti y deja que el dinero ponga las palabras que quiere decirte en tu mente. Escribe todo lo que te vaya llegando, sin cuestionarte, sin poner filtros.

7. Cuando termines, tómate un momento para leer lo que escribiste. Seguramente te vas a sorprender.

8. ¿De qué te das cuenta con este ejercicio? ¿Cuáles son los aspectos que tienes que sanar en tu relación con el dinero? ¿Qué tipo de acciones o compromisos se te ocurre que puedes hacer para mejorar tu relación?

## Aspectos materiales

Vivimos en una sociedad en la que los aspectos materiales tienen mucha importancia. De hecho, cuando hablamos de tener una vida abundante en lo primero que pensamos es en cuestiones materiales: casas, coches, yates, viajes, lujos, etcétera.

En mi caminar espiritual y como maestra, me he dado cuenta de que conforme vamos avanzando en el sendero espiritual estos aspectos materiales van teniendo menos importancia. Si bien todos deseamos tener una vida cómoda, relajada y apacible, al abrirnos a una vida espiritual vamos descubriendo que quizá no necesitamos tanto lujo para ser felices.

Aun así, sí necesitamos de ciertos aspectos básicos para funcionar como podrían ser un buen lugar donde vivir, comida, vestido, un automóvil o medios para transporte, una oficina, etcétera. Cada uno de nosotros tendrá sus propias preferencias en cuanto a los bienes materiales.

El universo, Dios y los ángeles nos ayudan a manifestar la abundancia material. Una vez más, solo tienes que pedirlo. Tratando de ser tan específico como puedas y no aferrándote a un solo satisfactor.

*Fernando es un chico muy entusiasta y emprendedor. Diversas situaciones por las que estaba atravesando lo llevaron a tener el deseo de independizarse de su familia y decretar un departamento en donde pudiera vivir solo. En una meditación pidió guía a sus ángeles quienes le dijeron que todo se le iba a dar, pero que sería de una forma diferente a la que él imaginaba. Dos semanas más tarde su mamá, quien vive fuera de la ciudad y estaba ajena totalmente a los deseos de Fernando, lo llamó para decirle que estaba pensando en montar un departamento en la Ciudad de México para cuando ella decidiera venir a pasar algunos días y que le gustaría que él viviera ahí para que cuidara del espacio. El universo no nada más le concedió a Fernando el lugar donde vivir, sino que se lo otorgó amueblado.*

A veces lo que pedimos no nos llega de forma inmediata o de la forma precisa en la que lo estamos pidiendo y es porque no estamos preparados para recibirlo o para sostener esa responsabilidad; a veces podría suceder que eso que estamos pidiendo pudiera generarnos más problemas que bienestar.

*En ese año de aprendizaje, después de mi divorcio, sucedió que, por azares del destino, estando en un viaje tuve que regresarme a México manejando una camioneta BMW de una de mis amigas. Tengo que confesar que me enamoré de la seguridad, la estabilidad y el confort que sentí al manejarla. Al llegar a México, un poco en plan de broma, les pregunté a mis hijos que si querían manifestar una, ellos dijeron que sí y les pregunté «¿de qué color la quieren?». Contestaron que blanca. Meses después, debido a mi crisis económica tuve que cambiar el que entonces era mi coche y terminé comprándome una pequeña camionetita VW blanca. Cuando la vio, mi hija me dijo: «Mamá, el universo escribe con faltas de ortografía y se comió la M, pedimos una BMW y nos dieron una VW».*

*Unos días más tarde, un conocido nuestro chocó su coche BMW y cuando nos platicó lo que pagaba de seguro y lo que tuvo que pagar de deducible, entendí que el universo es muy sabio y te da solo aquello que puedes sostener. Años más tarde pude cambiar mi coche y tampoco fue una BMW, pero estoy feliz y agradecida con el coche que tengo hoy, que, sin ser BMW, resultó ser igual de cómodo, confortable y bueno (por cierto, también es una camioneta blanca).*

Cuando sabemos pedir y aquello que deseamos está en sintonía con nuestro más alto bien, los ángeles nos ayudan a obtener los bienes materiales que deseamos.

## Trabajo

En el mejor de los casos pasamos un tercio de nuestro día trabajando. Si consideramos que otra tercera parte dormimos, pasamos más de la mitad de nuestro día activo trabajando. Esto convierte a nuestro trabajo en nuestra actividad primaria, a lo que más tiempo dedicamos en nuestra vida, más que a nuestra familia y, sin duda, más que a nosotros mismos. Ya que lo vamos a vivir así, busquemos al menos un trabajo que nos apasione y nos llene de satisfacciones personales.

Cada día me asombro más de la cantidad de personas que llegan a mis cursos o a mi consultorio y que tienen un trabajo que no les gusta, en el que están porque creen que no tienen otras opciones o porque ganan lo que creen que no pueden ganar en otro trabajo. Son muchas las creencias en torno al trabajo:

- No hay suficientes plazas.
- A mi edad quién me va a contratar.
- Nadie me va a pagar lo que gano aquí.
- Si me quedo sin trabajo no voy a poder conseguir otro igual.
- No tengo suficiente experiencia para que me contraten en otro lado.
- Mis conocimientos son obsoletos.
- Me falta el inglés, la computación, la maestría.
- Hay miles de personas más preparadas que yo para el puesto.
- Etcétera, etcétera, etcétera.

La realidad es que muchas personas se quedan en trabajos que no les gustan, que no les aportan nada a su crecimiento personal o espiritual o que no les dan suficientes satisfacciones, por una sola razón: MIEDO. Miedo a no encontrar otra cosa, miedo a no ser suficientes o miedo a no dar el ancho en otro lado, miedo a no tener un sueldo seguro y no poder contar con el sustento básico para vivir, etcétera.

También, desde este miedo, es que el trabajo pasa a ser lo más importante en la vida de la persona. Todo gira en torno al trabajo y a hacer todo lo posible por conservarlo. Muchas personas dejan de lado a su familia y a sí mismos en aras de conservar un empleo.

Al final de cuentas el resultado que tenemos es una sociedad autómata e insatisfecha.

Aunado a esto, está un sistema de creencias en el que, si no estás «empleado» por alguien más, te estás perdiendo grandes oportunidades en tu vida. Trabajamos toda la vida para asegurarnos un buen retiro, una buena seguridad social y un sinnúmero de prestaciones que son las que nos atan a una compañía. El hecho de pensar en no tener estos «beneficios» nos hace sentir desprotegidos, deshonrados y a la deriva.

*En mi caso particular, viniendo de una familia de banqueros y habiendo estado casada con un financiero, me costó mucho trabajo romper el patrón trabajo-empleo-prestaciones. Recuerdo que mi espíritu empresarial le sacó varias canas a mi mamá que no lograba entender cómo era que yo no me podía emplear en una empresa como todas las personas «normales» e insistía, desde mis tiempos universitarios, en trabajar de manera independiente y tener negocios propios con todo el riesgo que implicaba.*

*Por otro lado, aún recuerdo, cuando me divorcié, a un buen amigo diciéndome: «Ahora sí vas a tener que conseguir un empleo y trabajar de sol a sol para poder salir adelante». ¡Como si ser terapeuta, maestra espiritual, dar cursos, talleres y escribir no fuera un trabajo real! Gracias a Dios no le hice caso. Estoy segura de que de haberme empleado en algún lado no estaría hoy donde estoy, en ningún aspecto.*

Y es que todo es un círculo vicioso. Cuando te empleas en un trabajo que no es tu pasión, en el que estás solo porque según tú no te queda de otra, por supuesto que no vas a dar lo mejor de ti (aunque te lo propongas). Si no es tu pasión y no tiene que ver con tus talentos, seguramente no vas a sobresalir, seguramente estarás en una posición un poco mediocre y a lo mejor te sentirás atrapado o frustrado en el aspecto laboral.

El problema es que desde el momento en el que decidimos qué carrera vamos a estudiar, lo hacemos desde el ego, desde la parte racional, desde buscar lo que más me conviene. Pocas veces nos preguntamos *con qué vibra mi corazón, cuál es mi pasión, cuál es mi talento, para qué soy verdaderamente bueno.*

Nuestros padres fueron educados desde el miedo, desde el deber ser y el qué dirán. De la misma forma nos educaron a nosotros. Teníamos que elegir una carrera respetable, para después tener un trabajo respetable que nos diera un sustento respetable; más aún para los hombres, quienes seguramente en este guion de vida que nos escribieron tenían que jugar el rol de proveedor y mantener a una familia.

Qué diferente hubiera sido si nos hubieran preguntado *¿cuál es tu pasión?, ¿cuál es tu más grande talento?* Y a partir de estos dos hubiéramos decidido forjar nuestra profesión. Qué diferente hubiera sido si no tuviéramos tantas ideas limitantes en nuestra cabeza sobre el deber ser y sobre la manera de crear un sustento económico.

Muchas veces, al sumergirnos en la edad adulta y enfrascarnos en el guion del deber ser, nos olvidamos inclusive de quiénes somos en realidad, de cuáles son nuestras pasiones, nuestros talentos y de cuáles eran nuestros sueños.

*Adriana, desde niña, tuvo una conexión maravillosa con los animales; ella jugaba a que tenía un poder mágico que le permitía hablar con los animales y que estos le decían secretos para ayudar a las personas. El papá de Adriana tenía una enorme afición con las carreras de caballos, incluso llegó a ser propietario de un par de caballos y esto hizo que Adriana tuviera la oportunidad de convivir mucho con estos maravillosos animales y que adoptara el gusto por montar y practicar la equitación. Al momento de elegir una profesión Adriana se dividía entre Veterinaria y Psicología; sin embargo, por diversas circunstancias (entre ellas la influencia de sus padres) terminó estudiando Diseño Gráfico. No era mala diseñadora, pero nunca sobresalió.*

*Un día decidió regresar a la escuela y estudiar Psicoterapia. Posteriormente descubrió la Equinoterapia y se dio cuenta de que efectivamente a través de sus acciones ¡los caballos le hablan y la guían para ayudar a las personas! Al final logró cumplir su ilusión y dedicarse a lo que soñaba y jugaba cuando era niña. Hoy, Adriana se dedica a dar Equinoterapia como actividad primaria y genera ingresos suficientes para vivir cómodamente.*

Estos talentos y habilidades, que cada uno de nosotros tenemos, son los que nos hacen únicos e irrepetibles y nos permiten aportar algo al mundo que solamente cada uno de nosotros podemos dar. Todo esto tiene que ver con nuestra misión de vida, con aquello que venimos a compartir con la humanidad y, cuando aprendemos a potencializarnos, sí podemos generar un ingreso a partir de nuestra misión.

Existe la creencia de que no se debe de mezclar la misión de vida con la generación de ingresos o que la misión de vida debería de ser un trabajo no lucrativo. Aquí expongo mi caso en particular:

*Hace muchos años, en un mensaje en escritura automática, los ángeles me dejaron saber que mi misión de vida era «enseñar sobre el amor, hablar sobre el reino que ya había visitado y al que iba a volver». En ese mensaje me dejaron saber que mi misión era hablar sobre el amor de Dios y sobre cómo los ángeles están constantemente recordándonos que nosotros mismos somos parte de ese amor. En el momento en el que recibí el mensaje, de verdad, no tenía la más mínima idea de cómo iba a llevar a cabo esta misión. Por supuesto que nunca pensé que a través de mi misión de vida me iba a generar un sustento económico. En ese entonces me dedicaba a la Publicidad y a la Mercadotecnia y no figuraba en mi vida la opción de dejar mi profesión.*

*Conforme fue creciendo mi interés en los temas que conformaban mi misión de vida, fue decreciendo mi gusto por la Publicidad y la Mercadotecnia; en realidad, cada vez les encontraba menos sentido, menos interés y me sentía más atraída por los temas psicológicos y espirituales.*

Qué diferente sería si cada uno de nosotros creyera en sí mismo, si realmente nos escucháramos a nosotros mismos y nos hiciéramos caso sobre aquello que en realidad queremos, aquello que en realidad hace vibrar nuestro corazón. Estoy segura de que habría menos gente deprimida y emproblemada en el mundo.

## Hacer lo que amas o amar lo que haces

Si por alguna razón hoy estás sintiéndote atado a un trabajo que no es tu pasión, pero que, por la razón que fuere, tú crees que no lo puedes dejar, ya sea porque tienes que mantener a tu familia o porque hoy no te crees capaz de generar ingresos siguiendo tu pasión, entonces los ángeles te piden que impregnes de amor cada momento que pases en tu trabajo. Enfoca tu atención en los aspectos positivos, agradece todo aquello que te gusta, los beneficios que te trae y también lo que te disgusta porque seguramente te deja aprendizajes. Y cada acción que tomes, cada cosa que hagas, hazla desde el amor.

Al iniciar el día, visualiza una cascada de Luz Divina que baña tu lugar de trabajo y la labor que desempeñas.

Verás que, al realizar estas pequeñas acciones, empezarás a disfrutar más tu trabajo y mejorará tu situación en él. Es posible que inclusive te surjan nuevas oportunidades que vayan más acordes a lo que te apasiona.

## Pasión, talentos, habilidades, gustos: misión de vida

El tema de la misión de vida, así como los talentos y habilidades que nos son otorgados para llevarla a cabo, es un tema extenso que retomaremos en el tercer y séptimo chakra desde perspectivas diferentes. Sin embargo, vale la pena mencionarlo en este primer chakra porque tiene mucho que ver con nuestra pasión, que a su vez tiene que ver con la plenitud.

En el momento en el que decidimos regresar a la Tierra, es decir, cuando elegimos reencarnar, lo hacemos con una misión específica qué cumplir. Para realizar esta misión nos son otorgados ciertos dones que nos simplificarán o nos ayudarán con el cumplimiento de nuestra tarea. Estos dones son nuestros talentos y habilidades. Son nuestras herramientas; por ejemplo, si tu misión tiene que ver con expresar una verdad o comunicar algo, seguramente desde niño te habrás mostrado como una persona elocuente.

De la misma forma, la misión tiene que ver con nuestra pasión, es decir, con algo que nos gusta, nos reta, nos excita, nos hace sentir vivos. Normalmente cuando se entra en contacto con la misión de vida, cuando se hace alguna actividad que la conlleva o que permite ejercerla, se siente mucha emoción. A veces es esa ansiedad positiva que se siente como mariposas en el estómago, palpitaciones o que se acompaña con sudoración de las manos y mucha expectativa.

En pocas palabras: la misión es aquella actividad que es nuestro fin último, lo que va a llenar de sentido nuestra existencia, nos va a dar esa satisfacción profunda de estar cumpliendo «la tarea» de sentirnos realizados y plenos.

---

### EJERCICIO N.º 11: ¿CÓMO TE VES EN 5 AÑOS?

---

Busca un lugar en donde puedas realizar este ejercicio en completa paz; adopta una postura cómoda en la que te puedas relajar.

1. Inhala profundamente y exhala. Entra en contacto con tu cuerpo físico reconociendo cada una de sus partes, imagina que te vas pintando de un color desde la cabeza hasta los pies. Este color te va relajando poco a poco.

2. Imagina que en esta relajación vas cayendo en un sueño muy profundo.

3. De repente, suena tu despertador. Al abrir los ojos te das cuenta de que estás en la misma fecha, pero 5 años adelante. ¿Dónde despertaste? Sin duda es tu recámara, pero quizá estás en una recámara diferente. ¿Cómo es? ¿Qué elementos han permanecido en estos 5 años? ¿Qué ha cambiado? ¿Hay alguien junto a ti? ¿Quién es?

4. Finalmente decides pararte de la cama y te diriges hacia el baño. Sigue observando el espacio mientras caminas. Al llegar observa tu imagen en el espejo. ¿Cómo te ves? ¿Eres el mismo o te ves diferente? ¿Qué diferencias hay en ti?

5. Sal de tu cuarto y recorre toda tu casa, ve cuarto por cuarto, reconociendo el espacio. ¿Es el mismo que habitas hoy o es otro? ¿Cómo está decorado? ¿A quién más te encuentras en este recorrido? ¿Quién más vive contigo?

6. Llegas a la cocina y te sirves un vaso de jugo o una taza de café; mientras la tomas, abres tu agenda para ver cuáles son tus actividades del día de hoy. ¿Qué tienes agendado para hoy? ¿Vas a ir a trabajar? ¿Cómo es tu trabajo? ¿Dónde trabajas? ¿Con quién? ¿Cuánto ganas? ¿Cuál es tu puesto? ¿Cuáles son tus actividades? ¿Qué otras actividades tienes agendadas para el día de hoy? ¿Recreativas? ¿Negocios? ¿Familiares? ¿A qué hora vas a pasar tiempo con tu familia?

7. Junto a tu agenda se encuentran tus estados de cuenta; ábrelos. ¿Qué datos arrojan tus estados de cuenta? ¿Cuál es tu sentimiento al abrirlos?

8. Sigue caminado por la casa y asómate a la puerta principal. ¿Cómo es el lugar donde vives? ¿En qué ciudad está? ¿Conoces la colonia en la que está ubicada tu casa? ¿Qué coches están estacionados afuera de tu casa?

9. Regresa a tu cuarto y vuélvete a acostar, relájate, vuelve a dormir y despierta en el aquí y el ahora. Regresa a este espacio, a tu cuerpo y a tus sensaciones. Poco a poco abre los ojos.

## Seguridad, confianza en la vida

Sin duda, uno de los elementos vitales para lograr una vida abundante o en plenitud, es sentirnos seguros. No podríamos realizar ninguna actividad que nos lleve a desarrollar la abundancia, si no sentamos las bases mínimas de seguridad para lograrlo.

Es el deseo de todo ser humano sentirse seguro en su entorno, saber que su integridad física no se verá comprometida, que las necesidades materiales serán satisfechas, que siempre será profundamente amado, respetado y que vivirá en un ambiente armonioso y lleno de luz. Por si esto fuera poco, este es un deseo perene, es decir, es algo que quisiéramos tener garantizado durante toda nuestra existencia (para nosotros y nuestras familias).

Sería hermoso podernos garantizar una vida con tanta seguridad; sin embargo, si así fuera, también nos estaríamos generando una vida en donde seguramente no existiría espacio para el crecimiento, es decir, crecemos a partir de nuestras carencias y nuestros desajustes, no a partir de nuestras seguridades. Para poder crecer necesitamos salirnos de nuestra zona de confort y esto a veces significa ir lejos del lugar seguro.

Por más organizado que seas, por más planes que realices y por más que trates de prever tu futuro, no existe nada que te asegure o que te garantice que todo estará bien. *¿Qué hacer ante esta incertidumbre? ¿Cómo lograr la plenitud si no cuento con esta seguridad?*

Recordemos que la falta de seguridad se puede traducir como miedo y los únicos antídotos para el miedo son el amor y la confianza. Es por eso que una de las palabras que más nos expresan los ángeles en sus mensajes es *¡confía!* Y, específicamente, nos piden que desarrollemos esta confianza en tres niveles:

1. Confiar en uno mismo: en que cada uno tiene las habilidades y la capacidad de enfrentar los retos que la misma vida le va poniendo enfrente.

2. Confiar en la vida: todo lo que sucede tiene una razón de ser, un para qué, todo es un proceso y está divinamente orquestado para que podamos aprender de cada situación y seguir creciendo, desarrollándonos.

3. Confiar en Dios: hay un Dios, una energía mucho más grande, más sabia y más poderosa que el peor de mis problemas. Cuando invito a Dios a estar en mi vida sé que, pase lo que pase, todo estará bien.

La plenitud se encuentra entonces cuando migramos el tema de seguridad de un lugar externo, en donde quiero que todo esté en perfecto orden para que no suceda nada, a un lugar interno donde tengo la confianza de que pase lo que pase todo estará bien.

## SEGUNDO CHAKRA
### Cuerpo físico: el vehículo del alma

Qué pasaría si un día te entregaran un coche y te dijeran: «Toma este vehículo, te lo regalo; cuídalo bien porque no tendrás forma de cambiarlo por otro, este vehículo te tiene que durar mientras vivas en la Tierra y su buen funcionamiento y su estado dependerán solamente del trato que tú le des».

¿Cómo tratarías a ese coche? ¿Qué tipo de gasolina le pondrías? ¿Qué mantenimiento le darías?

Bueno, pues exactamente lo mismo sucede con nuestro cuerpo. El cuerpo físico nos es dado al llegar a la Tierra como vehículo para el alma, este cuerpo físico será el que nos permita vivir la experiencia humana en completa plenitud, tener sensaciones, sentimientos, experiencias que nos lleven al aprendizaje. Sin el cuerpo físico, morimos. Tenemos un solo cuerpo a lo largo de nuestra vida, no existe forma de reemplazarlo y su funcionamiento solo depende de nosotros mismos, del cuidado que le demos, de la alimentación que tengamos, del ejercicio que hagamos, etcétera.

No cuidar nuestro cuerpo de una manera responsable equivale a buscar la muerte, a cometer suicidio, quizá de una forma lenta pero al final, segura. Ahora, ¿cuál sería una manera responsable de cuidar nuestro cuerpo? No existe una receta correcta de lo que deberíamos o no hacer para cuidar nuestros cuerpos. Creo que existen tantos cuerpos como recetas para estar bien. Esto quiere decir que lo que le funciona al cuerpo de tu vecina, quizá no sea lo mejor para ti. Una vez más los ángeles nos piden actuar desde la conciencia, ir hacia adentro, entrar en contacto con nuestro cuerpo, conocerlo y preguntarnos *¿qué necesito yo para estar bien?*

Cuidar tu cuerpo y responsabilizarte de él tiene que ver con hacerte consciente de tu alimentación, de tus hábitos, de tus costumbres, de tu salud, de tu sexualidad, etcétera. Tiene que ver con conocerlo y establecer una relación con él. Tiene que ver con aceptarlo, valorarlo, darte cuenta de todo lo que hace por ti, de todas las funciones que realiza para que puedas existir y experimentar esta vida; respetarlo, conocer sus límites, honrarlo, escucharlo, saber identificar cuando te dice que ya no más, cuando te pide alimento, descanso o cuando te dice que pongas atención a algo en particular. Pero sobre todo, tiene que ver con amarlo, reconocerte en cada una de sus células y amarte a través de él.

> *Fui fumadora por más de 20 años. Fumaba alrededor de una cajetilla de cigarros al día; lo hacía como una forma de apapacho, de mimo, como de autocompasión: estaba tensa, fumaba; me sentía nerviosa, fumaba; estaba triste, enojada, ensimismada, aburrida, entonces fumaba; siempre había un buen momento para fumar. Dejé de fumar en mis dos embarazos y regresé después de que nacieron mis hijos. Conforme fui adquiriendo conciencia, conforme mi vida fue cambiando hacia una vida más plena, el cigarro dejó de encajar en mi realidad. Me convertí en sanadora, realizando trabajo energético y siendo canal de ángeles; hacía yoga y empecé a correr. Aun así, seguía fumando, me sentía incongruente al hacerlo, me sentía mal, me molestaba el olor en mi ropa y en mis manos, me avergonzaba por mi propia incoherencia. Me fui dando cuenta de que esta forma de «mimarme» me hacía más daño que bien y que estaba siendo condescendiente conmigo misma. Fue después de mi primer maratón que decidí dejarlo. Me di cuenta de que parte de mi vivir en abundancia, de mi propia plenitud era ser libre de adicciones de cualquier tipo. Mi cuerpo y mi conciencia tenían que ir en un solo sentido.*

## Tu cuerpo es tu templo

*Querida mía:*

*Debes respetar tu cuerpo, amarlo, es parte de ti, ¿no es cierto? Últimamente te hemos visto muy enfocada al crecimiento de tu alma, de tu espíritu y sin embargo, has descuidado tu cuerpo físico. Te has olvidado de la importancia que tiene el cuidado del templo en la adoración al Señor. Tu templo es tu cuerpo. Tienes que cuidarlo.*

*¿Qué es cuidarlo? ¿Respetarlo? Es buscar su bien, no sobreexpo-
nerlo, descansar, alimentarlo sanamente, por supuesto, estar libre
de adicciones y hacer ejercicio; pero sobre todo, no saturarte con
una actividad tras otra, y respirar, cuando respiras ingresas a tu
cuerpo luz, aire y energía. Acuérdate de respirar profundamente
varias veces durante el día y cuida tu cuerpo.*

*Arcángel Rafael*

---

## EJERCICIO N.º 12 «A»: RECONOCE TU CUERPO

Para realizar este ejercicio vas a necesitar papel y colores. Busca un lugar
en el que puedas estar tranquilo y en paz.

1. Cierra tus ojos y respira profundamente. Trae a tu mente la imagen
   de tu cuerpo físico.

2. Frente a ti tienes un papel y colores, trata de dibujar tu cuerpo.

3. Sé honesto contigo mismo plasmando tu cuerpo tal y como lo per-
   cibes.

4. ¿Qué sientes al dibujar tu cuerpo? ¿Qué partes de tu cuerpo te son
   más fáciles de dibujar? ¿Cuáles te cuestan trabajo? ¿Qué partes de
   tu cuerpo te gustan? ¿Cuáles no te gustan? ¿Qué partes de tu cuerpo
   funcionan bien? ¿Cuáles no funcionan? ¿Qué concepto tienes de tu
   cuerpo? ¿Qué te dices a ti mismo sobre tu cuerpo?

5. De la manera en la que tú quieras hacerlo (con íconos, dibujos, palabras, etcétera), plasma en el dibujo de tu cuerpo todo aquello que
   acabas de concientizar, lo que te gusta y lo que no te gusta.

6. Al terminar, observa detenidamente tu dibujo. ¿Qué sensaciones o
   sentimientos surgen en ti al verlo? ¿Qué quisieras cambiar?

7. Guarda tu dibujo, porque seguirás trabajando con él posteriormente.

## Los hábitos nos determinan

Se dice que somos lo que comemos… yo agregaría que somos lo que comemos, bebemos, fumamos (o no), hacemos, practicamos, pensamos y sentimos.

Nuestros hábitos determinan nuestro estar en la vida. Si tenemos buenos hábitos se van a ver sin duda reflejados en nuestro cuerpo físico y se van a traducir en una vida abundante y de plenitud. Por el contrario, los malos hábitos —tarde o temprano— se verán reflejados como desgaste, envejecimiento, enfermedad, etcétera.

Resulta fácil cambiar cuando la necesidad de tener hábitos más sanos viene desde un lugar de conciencia, es decir, conforme vamos creciendo nos vamos dando cuenta de que ciertos hábitos o alimentos ya no resuenan con nuestro sistema.

Siempre habrá algo que mejorar en tus hábitos; visualízate teniendo mejores hábitos, comiendo mejor, haciendo ejercicio, obteniendo logros; visualízate en un cuerpo más sano y deja que tu conciencia te vaya llevando poco a poco a la realización de esta visualización.

*Pedro ha sido amigo mío de toda la vida, de hecho, creo que este amor fraternal que sentimos el uno por el otro nos viene de alguna vida pasada en la que estoy convencida de que fuimos hermanos gemelos (es impresionante nuestra similitud física, en la forma de vestir, de pararnos, de sentarnos, de caminar, de nuestros hábitos e historia de vida).*

*Durante un par de años Pedro y yo platicamos varias veces de la necesidad de tener hábitos alimenticios más sanos; mientras lo hacíamos sosteníamos el refresco dietético en una mano, el cigarro en la otra y teníamos enfrente un buen plato de papas fritas o una caja de galletas. Fuimos juntos a conferencias, compramos libros para tener una alimentación más saludable y bajar de peso, inclusive hicimos juntos meditaciones para cambiar de hábitos. Cabe mencionar que, en ese entonces, tanto Pedro como yo teníamos sobrepeso. Lo curioso fue cómo al mismo tiempo, estando en diferentes ciudades, Pedro y yo nos enfermamos. Pedro comenzó a tener una descompensación con la glucosa, al grado de que algunos médicos lo querían diagnosticar como diabético; yo, por mi parte, tuve una terrible infección de colon, con la cual terminé internada en el hospital. Ambas «enfermedades» nos llevaron a cambiar nuestros hábitos radicalmente. Al principio, por supuesto que ambos sentimos miedo por lo que nos estaba sucediendo, sin embargo, después entendimos que lo que no estábamos haciendo por nosotros mismos, el universo se encargó de hacer que sucediera.*

*Unos meses después, Pedro y yo platicábamos en el teléfono de la inmensa e insólita alegría que nos producía comprar frutas y verduras en el supermercado; nuestros antojos cambiaron radicalmente, nuestra forma de alimentarnos mejoró completamente, por supuesto que ambos perdimos peso y hoy estamos mucho más sanos, de acuerdo a aquello que en otro momento manifestábamos.*

En ambos casos nuestro cuerpo nos pedía hacer los cambios necesarios, pero ni mi amigo ni yo decidimos escucharlo y llevamos la situación al límite. Nuestro cuerpo nos va mandando señales, cuando no las seguimos, estas van aumentando de intensidad, hasta conseguir que les hagamos caso.

## Chomp, chomp, chomp... ¡A comer!

Hablar de qué debemos y qué no debemos de comer es un poco controversial. Como decía anteriormente, cada cuerpo es único, con necesidades propias de acuerdo a las actividades que cada uno realiza, cada constitución es distinta y venimos de culturas diversas que nos marcan diferentes tendencias.

Habrá para quien una vida sana incluya una buena ingesta de grasas y proteínas, por lo que integre productos animales en su dieta. Por otra parte, habrá para quien comer productos animales sea inconcebible y prefiera una alimentación 100% vegana o quienes buscan una alimentación libre de gluten.

Encontrarás libros que te digan lo que tienes que hacer o qué alimentos son malos o buenos para determinadas cosas. En mi caso, por ejemplo, los libros de espiritualidad me recomiendan volverme vegetariana y eliminar por completo los lácteos. Mientras los libros de alimentación para maratonistas, me piden que eleve la ingesta de proteínas animales para aumentar músculo y que aumente la cantidad de carbohidratos (la realidad es que, por mi tipo de cuerpo y de constitución, si aumento los carbohidratos, mi cadera inmediatamente se empieza a ensanchar). Por otro lado, en últimas fechas, hay investigaciones de los efectos devastadores que el gluten, contenido en casi todos los alimentos que ingerimos, producen en nuestro cuerpo. Con tanta información allá afuera, que a veces me resulta hasta contradictoria, ¿a quién le hago caso?

Meditando con los ángeles, la respuesta que me dan es que busque alimentos que me hagan sentir bien, pero que tenga cuidado, no se trata de un bienestar inmediato que se traduce en malestar. Por ejemplo, tomar una copa de licor que me hace sentir bien en el momento, pero que posteriormente me hará daño o comer una súper hamburguesa, que al momento voy a disfrutar de su sabor, pero que posteriormente me hará sentir pesada y/o cansada. Se trata de buscar alimentos que te ayuden a sentirte bien contigo mismo, a estar energetizado, a sentirte sano y a sentirte en balance y armonía todo el tiempo.

No importa el tipo de alimentación que tú elijas, lo importante es que lo hagas desde la conciencia. Que conozcas suficientemente bien tu cuerpo para saber qué alimentos te caen bien y cuales no toleras o te hacen daño. En pocas palabras, para vivir en plenitud, necesitas sentirte bien con tu cuerpo.

Hay alimentos que te ayudan a sentirte bien, energetizado, feliz, etcétera. Hay alimentos que te inflan o que te hacen sentir pesado, quizá te generan algún tipo de malestar. Buscar la dieta que a ti te haga sentir bien es parte fundamental de tener una vida abundante.

*Mi dieta es variada y procuro que sea balanceada. Está basada en frutas, verduras, semillas, proteína animal, pocos cereales y algunos lácteos. Cada vez como menos carnes rojas (la estoy sustituyendo por pescado), pero dado que soy maratonista, mi cuerpo requiere de proteína animal para mantener mis músculos (al menos esa es mi creencia hasta este momento, no sé si más tarde la voy a modificar).*

*He eliminado casi por completo la ingesta de azúcar y de carbohidratos compuestos. He encontrado un gusto enorme por los smoothies o jugos, licuados de frutas y verduras. No he podido eliminar la cafeína (ya llegará el momento adecuado). He aumentado considerablemente el consumo de agua. Soy intolerante a la lactosa y sé perfectamente que un vaso de leche se puede traducir en horas de malestar; de la misma manera sé que un buen postre o algo que contenga azúcar puede convertirse en un desbalance de energía: un momento de euforia, seguido por algunas horas de cansancio o pesadez (aun así, de vez en cuando —cada vez con menos frecuencia— me doy permiso de un buen postre). Busco comprar productos orgánicos y saludables, he sustituido las galletas por amaranto, el aceite de cártamo por aceite de coco o aguacate, el azúcar por miel de abeja...*

Los cambios en los hábitos alimenticios tienen que ser poco a poco; no quieras cambiar todo de golpe, sé compasivo contigo mismo y con tu cuerpo; piensa en todos los años que llevas alimentándote de determinada forma, no te atropelles y toma un paso a la vez.

## ¡Ponte en movimiento! Practica un deporte

Si tuvieras una máquina y no la utilizaras, probablemente se terminaría descomponiendo. Las piezas que componen su mecanismo se terminarían atrofiando, oxidando, pegando y llegaría un momento en el que ya no serviría.

Lo mismo sucede con nuestro cuerpo que está hecho para el movimiento; tenemos extremidades libres, músculos y articulaciones que nos invitan a tener una vida activa. Cuando no usamos nuestra propia maquinaria, se descompone, se pega y envejece.

No importa el deporte que decidas practicar, mover tu cuerpo te va a ayudar a sentirte libre, pleno, feliz; te va a ayudar a liberar endorfinas (también llamadas hormonas de la felicidad); te vas a sentir más libre, más productivo y más joven; seguramente a través del deporte que elijas hacer te plantearás retos y los lograrás, lo que seguramente se traducirá en una autoestima más alta.

No se trata de ir al gimnasio porque «tengo que» (por fuerza) hacer ejercicio o porque «tengo que» adelgazar. No busques hacer ejercicio para lograr otro objetivo, deja que el ejercicio mismo sea lo suficientemente satisfactorio para que te llame a hacerlo; los beneficios se darán por añadidura. Se trata de buscar una actividad que te apasione. Si no la encuentras, trata de recordar a qué jugabas de niño, quizá eso te dé algunas pistas.

*Un día Javier decidió desempolvar su bicicleta, empezó a andar en bici, según él para «bajar la panza» y recuperar la figura. Comenzó rodando cerca de su casa y aunque le daba miedo, poco a poco empezó a ir un poco más lejos hacia una montaña que estaba a corta distancia. Cada semana, iba venciendo su miedo y llegaba más lejos y subía un poco más. En sus largos recorridos se reencontró con su niño interior quien le recordó que amaba la bicicleta, y en ese encuentro consigo mismo y con la naturaleza, también se encontró con Dios. Poco a poco, el ciclismo se volvió parte primordial de su vida. ¡Nunca se imaginó todo lo que esta actividad le iba a dejar!*

No importa si caminas, bailas, boxeas, practicas tenis, haces yoga, corres o si eres portero de un equipo de futbol. Lo verdaderamente importante es que te mantengas en movimiento y que seas feliz al hacerlo.

Si hoy no practicas un deporte, visualízate haciéndolo; imagínate practicando alguno que te haga feliz. ¿Qué deporte sería? ¿Cómo te sentirías haciéndolo? Imagina la sensación que tendrías al terminar una sesión de entrenamiento. Seguramente te sentirías renovado y satisfecho.

*Yo no vengo de una familia deportista, de hecho, no recuerdo que cuando éramos niñas, a mis hermanas y a mí nos inculcaran el valor del deporte, sin embargo, lo que si heredé de mi familia son los genes «engordativos», somos una familia con tendencia a ser «llenitos».*

*Hace muchos años, mientras acompañábamos a nuestros respectivos maridos a una convención a Miami, una amiga me invitó a correr por primera vez; la verdad es que nunca pensé que correr fuera un deporte para mí, pero al hacerlo me encantó. Regresando a México, nos inscribimos a la que fue mi primera carrera de 5k. ¡Vaya que me costó mucho trabajo!, pero la disfruté mucho: el ambiente, la expectativa al salir, el esfuerzo, las porras y la satisfacción de pasar la meta fue lo que me motivó a continuar. Hice muchas carreras de 5 y 10 kilómetros, hasta que di el salto al medio maratón; me acuerdo que pensar en esa distancia me parecía inconcebible, sin embargo, lo corrí y lo logré.*

*En el año 2011 corrí mi primer maratón, fue increíble, una experiencia que coloco junto a las experiencias top de mi vida como cuando nacieron mis hijos.*

*La verdad es que hoy puedo decir con orgullo que soy maratonista. Entrenar se ha convertido en parte esencial de mi vida, es mi momento de estar conmigo misma, de estar en contacto con la naturaleza, en mi meditación (¡sí, yo medito mientras corro!), de estar en contacto con Dios y con mis ángeles.*

*Los maratones, por otra parte, se han vuelto mi pretexto para viajar, para ponerme nuevos retos, para conocer nuevas personas y para mantener mi cuerpo activo. ¡Amo correr! Y definitivamente le da mucho sentido y plenitud a mi vida.*

## Libre de adicciones

Cuando decidimos regresar a este planeta y reencarnar, lo hacemos desde la conciencia de ser UNO con Dios y en el conocimiento de que nuestra más profunda esencia es el AMOR. El miedo es un sentimiento que aprendimos a partir de que volvimos a este espacio/tiempo.

A partir del momento de nuestra concepción, empezamos a experimentar situaciones que nos generan miedo y es este miedo lo que va generando heridas en nuestro corazón; se abren espacios, huecos, hoyos que son producidos por espacios carentes del amor incondicional que conocíamos en otro plano de existencia. Por si esto fuera poco, este mismo miedo y el dolor producido por las heridas hacen que nos sintamos desconectados, perdidos y solos.

Esta carencia de amor incondicional, esta sensación de soledad o de desconexión y las heridas que vamos acumulando a lo largo de la vida, hacen que sintamos el corazón adolorido y a veces este dolor es tan grande que necesitamos buscar formas para evadirnos de él.

Las adicciones nos ayudan a calmar este dolor de diferentes formas: nos anestesian, nos distraen, nos generan otro tipo de dolor para no ver el otro, nos ayudan a distorsionar nuestra realidad...

Una adicción se da a partir de tomar algo del entorno, que momentáneamente me ayuda a no sentir mi dolor o a distraerme de él. Nos hace acostumbrarnos a estos momentos de aparente alivio y cada vez vamos queriendo más y más, hasta que creemos que no podemos vivir sin ellos.

Atrevernos a sentir el dolor y la «supuesta» desconexión genera mucha angustia, mucha ansiedad. Por eso buscamos el consuelo o la gratificación en lo externo.

Hay, entre otras, adicciones al alcohol, a las drogas, al cigarro, al sexo, a la comida, a las relaciones disfuncionales, al juego, al trabajo, a las compras, a lo cibernético (ciberadicciones).

La única forma de sanarlas es entrar en contacto con ese dolor, ser conscientes de él y buscar llenar esos huecos del corazón con Luz Divina y con aspectos que nutran nuestro corazón de una forma permanente y sana.

Si vives preso de una adicción, visualízate libre de la misma. ¿Cómo sería no tener esa adicción? ¿Cómo te sentirías? ¿Cómo cambiaría tu vida para bien? Una vez más coloca esta imagen en una esfera de luz y envíala al universo para que te sea concedida. Los ángeles, en especial el arcángel Rafael, te ayudarán abriéndote las puertas y poniéndote en el camino las técnicas, personas, grupos o médicos que te ayudarán en el proceso de sanación.

*Leonardo tenía adicción por el alcohol, por supuesto, como la gran mayoría de las personas que sufren de alcoholismo, él lo negaba, decía que tomaba de forma social y que ninguno de los problemas que enfrentaba, en ese momento, tenían que ver con el alcohol, aunque en realidad después se dio cuenta que de que su forma de tomar era lo que generaba la gran mayoría de sus problemas.*

*Un día decidió emprender el camino de la recuperación, pidió ayuda a sus ángeles, empezó a visualizarse a sí mismo sobrio y feliz, asistió a un grupo de ayuda y se agarró fuertemente de la mano de Dios y de los ángeles. Leonardo ya lleva muchos años viviendo libre del alcohol y aunque confiesa que el principio fue duro, hoy puede afirmar que nunca había sido tan feliz.*

---

## EJERCICIO N.º 12 «B»: CAMBIAR LOS HÁBITOS

---

Para realizar este ejercicio vas a necesitar el dibujo de tu cuerpo que hiciste anteriormente. Busca un lugar en el que puedas estar tranquilo y en paz.

1. Observa detenidamente el dibujo de tu cuerpo. Pon especial atención en aquellas áreas de tu cuerpo que te generan conflicto, que no te gustan o con las que no te sientes bien.

2. Cierra los ojos y pide a tus ángeles que te muestren los hábitos y pensamientos que han determinado tu cuerpo. Obsérvalos.

3. Ahora pide que te den una guía sobre qué hábitos puedes cambiar y cómo hacerlo. Observa. Pide ahora que te muestren cuáles serían los resultados de esos cambios de hábitos. Observa. ¿Cómo te hacen sentir las imágenes que te muestran tus ángeles? ¿Cómo te sentirías si cambiaras tus hábitos?

4. Abre tus ojos y plasma en tu dibujo los hábitos que quisieras cambiar, así como los cambios que verás reflejados en tu cuerpo al cambiar de hábitos.

## Soy lo que soy

El cuerpo refleja la historia, el concepto que tenemos de nosotros mismos, nuestras heridas, nuestra autoestima, nuestras culpas y nuestros sentimientos más profundos. Es como si adentro de ti hubiera un proyector de cine y todo lo que eres, piensas y sientes, está siendo claramente reflejado hacia fuera a través de la gran pantalla que es el cuerpo. Los bloqueos energéticos a veces se traducen en grasa. La postura tiene que ver con la forma en la que enfrentas la vida; si tus músculos son débiles o flácidos, tiene que ver con tu facilidad o dificultad para poner límites, algunos sentimientos no expresados se traducen en enfermedades...

*Hace algunos años, Luis, un joven de 28 años, llegó a mi consultorio. Entre sus asuntos a sanar se encontraban dos situaciones muy fuertes; la primera: un padre muy violento que lo agredió constantemente durante toda su infancia; la segunda: cargaba desde los 14 años con la vergüenza de haber sido malinterpretado y acusado injustamente por su familia de haber cometido actos ilícitos.*

*El cuerpo de Luis dejaba ver sus heridas; primero que nada era sumamente delgado y sus músculos se veían débiles, siempre se vestía y se peinaba de una manera muy discreta, como no queriendo sobresalir, pero lo que más me llamaba la atención eran sus hombros caídos y su vista siempre hacia abajo. Conforme fuimos avanzando en la terapia, Luis logró perdonar a su padre, a través de verlo con compasión desde su propia historia; con esto también pudo contactar con su parte masculina y aceptarla. Por otra parte, pudo superar la vergüenza y logró pararse ante él mismo y ante su familia para defenderse de aquello de lo que lo acusaban.*

*Su proceso terapéutico duro alrededor de un año y medio. Recuerdo una de las últimas sesiones. Cómo me sorprendió observar su transformación física: Luis embarneció, su cuerpo ya no parecía el de un niño enclenque, su pecho, sus hombros y sus brazos se habían ensanchado y fortalecido. Su postura era otra: los hombros alzados, el pecho hacia delante, por fin pudo alzar la mirada y lo que más me impresionó fueron su peinado y su forma de vestir; ¡se atrevió a vestirse de una manera más llamativa y a peinarse de una forma más moderna! Sin duda, conforme Luis fue sanando su alma, su cuerpo lo iba proyectando.*

## Lo perfecto de nuestra imperfección física

Al cambiar de hábitos podremos modificar una parte de nuestra salud y de nuestro aspecto; asimismo, al ir sanando nuestros asuntos internos, se van a ver reflejados en nuestro cuerpo físico. Sin embargo, hay una parte de nuestro cuerpo que es inamovible, es decir, por mucho que cambiemos nuestros hábitos, que busquemos sanación emocional y/o nos visualicemos de una manera diferente, no vamos a cambiar nuestra constitución o nuestros genes. Por mucho que yo visualice que soy más alta, ya no voy a crecer.

Existe una parte de nosotros que tenemos que aceptar y amar tal cual es. Entender que somos perfectos en nuestra aparente imperfección. Tenemos el cuerpo perfecto, para la vida humana perfecta que venimos a tener, con experiencias perfectas, en situaciones perfectas que nos llevarán a tener aprendizajes perfectos y a llevar a cabo misiones de vida perfectas.

*Un claro ejemplo de esto es Nick Vujicic, un afamado orador australiano, quien nació sin extremidades. Nick sufrió de niño incontables burlas y críticas, se sintió frustrado por no poder realizar todas las actividades que realizaban los demás niños; sin embargo, contó con la fortuna de tener unos padres que creyeron en él y que tuvieron la visión de ver mucho más allá de su incapacidad física.*

*Nick ha escrito dos libros y se dedica a dar cursos y conferencias alrededor del mundo, enseñándole a las personas que no existen los límites y que no importa cuál sea la situación que estés enfrentando, los límites te los pones tú mismo.*

Como puedes ver, es necesario trabajar la aceptación de tu cuerpo tal y cual es, entendiendo que en realidad es perfecto para lo que viniste a aprender y a trabajar en este tiempo y espacio. Piensa ahora qué es lo que menos te gusta de tu cuerpo y abraza esta parte tuya, agradeciéndole todas las enseñanzas que te ha dejado.

---

### EJERCICIO N.º 13: RECONOCER Y AGRADECER A TU CUERPO

---

Este ejercicio lo puedes hacer completo, en una sola sesión o puedes irlo tomando poco a poco, trabajando con diferentes partes de tu cuerpo en varias meditaciones. Busca un lugar en el que puedas estar a solas, tranquilo y en paz.

1. Inhala y exhala, concentrándote en tu propia respiración; observa y siente cómo entra el aire a tu cuerpo, cómo se infla tu pecho al entrar y cómo sale el aire poco a poco. Sigue respirando, concentrándote en tu respiración y observando cómo va bajando tu ritmo cardiaco, cómo tu cuerpo se va relajando.

2. Pide a tus ángeles que te acompañen en este ejercicio y déjate guiar por ellos en cada momento.

3. Elige una parte de tu cuerpo, por ejemplo, tus pies. Sostén tus pies entre tus manos, siéntelos, acarícialos, toma conciencia de todo lo

que tus pies hacen por ti; gracias a que tienes pies, ¿qué cosas has logrado en tu vida? Pide a tus ángeles que te muestren qué necesitan hoy tus pies. Ahora, desde tu corazón, envíales un rayo de luz y agradecimiento.

4.  Repite este ejercicio con cada parte de tu cuerpo: tus tobillos, piernas, caderas, glúteos, genitales, abdomen, pecho, espalda, hombros, brazos, manos, cuello, cabeza, ojos, oídos, boca, nariz, cerebro, sistema nervioso, aparato respiratorio, aparato digestivo, órganos internos, músculos, huesos, piel....

5.  Toma conciencia de que cada parte de tu cuerpo juega un papel importante en tu vida y agradécele. Agradece el funcionamiento perfecto de tu cuerpo perfecto.

6.  Observa tu cuerpo iluminado por el amor de tu corazón y pide a tu ángel que incremente esa luz con Luz Divina. Observa cómo la luz de tu cuerpo empieza a crecer.

7.  Agradece a tus ángeles su ayuda en este ejercicio y cuando estés listo abre tus ojos.

## Salud vs enfermedad

La condición normal del ser humano es vivir en salud. La enfermedad no es una condición inherente a la humanidad.

De alguna manera, derivado del miedo, desarrollamos la costumbre de enfermarnos constantemente. Hoy, la industria médica/farmacéutica aprovecha esa oportunidad, reforzando esta creencia de que las enfermedades son procesos naturales en el cuerpo humano. Pero, entonces, si la enfermedad no es lo normal, ¿por qué nos enfermamos?

Las principales razones son:

- Contrato de vida

La enfermedad es parte de nuestro **contrato divino**. La traemos pactada como una situación maestra, de la que seguramente obtendremos un cierto aprendizaje. Asimismo, (y seguramente), la enseñanza que nos deja esta enfermedad se convierte en parte de nuestra misión de vida. La enfermedad está al servicio del crecimiento de nuestro espíritu y de las almas que nos acompañan en este espacio y tiempo.

- Miedo

Nos enfermamos por vivir constantemente en el miedo; nuestro sistema energético se contrae, nos hacemos chiquitos y vibramos bajito. Cuando esto sucede, nuestras defensas corporales también bajan y permitimos la entrada a las enfermedades.

*Hace unos meses, al regresar de un viaje de trabajo en el extranjero, me comencé a sentir mal; lo extraño fue que tenía diferentes síntomas que al parecer no tenían nada que ver entre sí; todo me sucedía al mismo tiempo: infección vaginal, colitis, gastritis, tos que me venía desde el pecho, dolor de garganta, infección de ojos y un fuerte dolor de cabeza. Debido a la diversidad de los síntomas decidí visitar a un homeópata que me ayudara a ver mi malestar de una manera integral y a sanar lo que fuera que me estuviera produciendo esto. Al platicar con él, me hizo ver que mis síntomas abarcaban cada uno de mis chakras y me preguntó que si había estado vibrando en miedo. En ese momento traje a la conciencia que antes de realizar el viaje me habían hecho tantas recomendaciones con respecto a la seguridad en el lugar al que iba, que me dejé influenciar y durante toda mi estancia me sentí insegura y con miedo, contrayendo así mi sistema energético y dando paso a las enfermedades antes mencionadas.*

• Cuestiones emocionales no resueltas

Sentimientos no expresados o no procesados; situaciones vividas que no se enfrentan porque te resultan dolorosas y se quedan albergadas en el cuerpo. Primero se convierten en bloqueos energéticos que no permiten y que obstaculizan el flujo natural en la vida; si no se solucionan en ese nivel, entonces probablemente se conviertan en enfermedad.

El ejemplo más claro de esta situación es el típico dolor de garganta. Seguramente tiene que ver con algo que no has dicho o que no puedes o no quieres expresar. Primero se convierte en bloqueo energético, se siente como si tuvieras un nudo en la garganta; si no lo solucionas ahí, seguramente tu garganta se va a irritar y va a mostrar algún síntoma de enfermedad.

• Hábitos y creencias

Si yo creo que, si hago tal o cual cosa me voy a enfermar, seguramente sucederá. Si yo creo que tengo una enfermedad hereditaria o que soy propenso a algún tipo de enfermedad, eso es lo que estoy creando con mi pensamiento. De la misma manera mis hábitos determinan mi salud; si tengo hábitos positivos, mi cuerpo reaccionará de una forma positiva; si tengo hábitos negativos, mi cuerpo reaccionará de manera negativa.

Suelo decirles a mis pacientes y alumnos de angeloterapia que, cuando algo se manifiesta a nivel físico, se debe tratar a nivel físico. Sería incapaz de decirle a un paciente que vamos a curar un cáncer con pura sanación o con el pensamiento positivo. Pero sí creo que el trabajo energético y sanar el origen emocional de la enfermedad ayuda mucho en el proceso de sanación física.

Si estás pasando por un proceso de enfermedad o simplemente si de repente te da gripa o te duele la cabeza, pide a tus ángeles guía divina; pregúntate: *¿Qué me está queriendo decir mi cuerpo con este síntoma? ¿Qué estoy necesitando? ¿Qué es lo que generó esta enfermedad o situación? ¿Qué situación emocional no he resuelto?*

*Hace algunos años, dos meses después de la muerte de mi mamá, terminé en el hospital con una fuerte infección de colon, acompañada de gastritis; al estar haciendo este pequeño análisis me di cuenta de que no me estaba dejando sentir el dolor que me producía la muerte de mi madre y no me estaba dando el tiempo para vivir el duelo correspondiente.*

*A pesar de no tener nada aparentemente grave, estuve hospitalizada por cinco días. El doctor no me daba de alta, ya que me decía que necesitaba pasarme los antibióticos vía intravenosa, pues no había forma de que mi estómago resistiera en ese momento los medicamentos.*

*Cuando mi amiga Marcela, quien también es terapeuta, llegó a visitarme y me vio conectada al suero me dijo: «La vida te tuvo que amarrar, esa era la única forma en la que bajaras el ritmo para que dejaras sentir el dolor». Mi amiga tenía razón.*

Si estás pasando por una situación de enfermedad, visualízate en salud, rodeado por la luz color esmeralda del arcángel Rafael. Pídele que te abra los caminos y que te guíe a los médicos y a los tratamientos adecuados; asimismo, que te muestre el origen de tu enfermedad y que te ayude a sanar desde ahí.

*Lupita asistió a una angeloterapia conmigo buscando sanar un cáncer de tiroides. En esos momentos ella ya estaba siendo tratada por un oncólogo y recibía quimio y radioterapia; sin embargo, el proceso estaba siendo muy duro para ella y el cáncer parecía no ceder.*

*Durante la angeloterapia el arcángel Rafael nos mostró de manera muy clara que lo que había originado el cáncer era un secreto que Lupi-*

*ta había guardado por años y que de verdad le pesaba en su corazón no expresarlo, pero que, si lo hacía, sentía que traicionaría a algunos miembros de su familia. El arcángel Rafael fue muy amoroso con ella, a la vez que fue contundente en su mensaje, señalando que tenía que expresar ese secreto y que las personas que le pidieron que lo guardara tendrían que enfrentar las consecuencias de sus acciones equivocadas. Asimismo, el arcángel Rafael le dio instrucciones a Lupita de qué tenía que hacer para contrarrestar los efectos de las quimios y radioterapias. La sanación energética se efectuó y unos meses más tarde ella me escribió para contarme que la habían dado de alta, que se sentía muy bien, liberada del cáncer, pero sobre todo de esa terrible carga que se había autoimpuesto al acceder a guardar ese secreto.*

Tú puedes manifestar y pedirles a los ángeles que te ayuden a sanar más rápido y a que el proceso de aprendizaje-sanación, tanto físico como emocional, se dé de una manera más suave.

*Hace algunos años, todavía estando casados, operaron a mi ex marido de una hernia. Unos días antes de la operación le pedí permiso para hacerle una sanación, en la cual recibí el mensaje de que la hernia se había formado a partir de un gancho energético[4] que se derivó de un enfrentamiento con otra persona. Me mostraron exactamente el momento en el que recibió el gancho y cómo se quedó con el «coraje atorado» que posteriormente se convirtió en hernia.*

*El día de la operación el doctor estaba sorprendido de que la hernia era más pequeña de como se veía en los estudios. Unos días después de la operación, el doctor comentó que nunca había tenido un paciente que sanara tan rápido, y mi ex marido le dijo que seguramente nunca había*

---

4. Los ganchos energéticos se generan a partir de provocaciones o agresiones de una persona hacia otra; la segunda persona acepta la agresión y permite que le afecte.

tenido un paciente al cual su esposa todo el tiempo le mandaba ángeles para ayudarlo a sanar.

Cuando manifestamos salud, a veces el universo, Dios y los ángeles, nos responden poniéndonos en el camino de la sanación, es decir, nos abren puertas y nos guían hacia los médicos correctos que nos llevarán a sanar.

*Mi hija patina en hielo. Hace unos años, tras una caída, la llevamos con un médico especialista en rodilla, quien, de manera fría e indiferente diagnosticó que tenía la rótula fracturada y el ligamento roto; indicó que necesitaba operarla y dijo que nunca más iba a volver a patinar. Una de las cosas que me llamó la atención fue que, a pesar de que Ana Sofía ya tenía edad suficiente para entender qué era lo que le estaba sucediendo, el doctor nunca se dirigió a ella y fue muy frío y determinante en su resolución. Ante el desconsuelo de mi hija, decidimos buscar una segunda opinión.*

*Antes que nada, solicité al arcángel Rafael que me guiara al médico idóneo y solicité a una pareja de amigos médicos que me sugirieran algunos ortopedistas. Me dieron una lista con cinco diferentes nombres. Llamé al primero y la secretaria me dijo que no tenía citas disponibles hasta dos semanas después. El segundo se encontraba fuera de la ciudad en una convención. Llamé al consultorio del tercero y ¡me contestó él!, me dijo que ese día de la semana no daba consultas, pero que había ido al consultorio a trabajar en unos pendientes: me sugirió que se la llevara y que nos atendería al momento. Durante la consulta no se dirigió a nosotros, los papás, todo el tiempo le habló a la niña y le explicó de manera amorosa y paciente el proceso de la operación. Cuando Ana le preguntó que si volvería a patinar, él le dijo que su hija también patinaba en hielo, que sabía lo importante que era para ella y que le prometía que estaría de regreso en la pista en un plazo no mayor a seis meses. Al ver la confianza que este médico despertó en mi hija, supe que el doctor Rivas era la persona indicada para operarla y no me quedó la menor duda de que el arcángel Rafael me había guiado hacia él.*

No debemos de olvidar que en ocasiones, las enfermedades son el vehículo para traer salud al alma; que, desde una perspectiva espiritual, todo lo que vivimos en este plano terrenal está al servicio del crecimiento y desarrollo de nuestra alma y las enfermedades pueden ser situaciones maestras para que esto se dé.

*Mi mamá tuvo cáncer de páncreas. En sus últimos meses de vida, a pesar de estar fuertemente medicada, tuvo momentos de mucho dolor. Un día, platicando con ella sobre estas crisis que le daban, me comentó que en esos momentos el dolor era tanto que inclusive empezaba a alucinar y recordaba episodios de su infancia, situaciones vividas con mis abuelos y con otras personas a lo largo de su vida. Me decía que, aunque el dolor era mucho, cuando la crisis pasaba, se sentía más ligera en su corazón.*

Cualquiera que esté siendo tu situación, visualízate en salud perfecta y deja que Dios, el universo y los ángeles te digan ¡*concedido!*, y te abran los caminos para lograrlo.

### *Las enfermedades como fuente de crecimiento*

*Queridos míos:*

*Se preguntarán por qué a veces la sanación en el cuerpo físico no se efectúa de forma inmediata, por qué a veces el paciente pide sanación y aun así sigue enfermo.*

*Una primera causa es porque el paciente no tiene la voluntad de sanar, porque jugar el papel de enfermo le otorga ciertos privile-*

gios; en estos casos, hay que preguntarle qué beneficios obtiene de la enfermedad, por ejemplo, el cariño o la atención de su familia, y explorar de qué otra manera puede seguir obteniendo estos beneficios sin estar enfermo; hacerle ver que hay otros caminos más benévolos para él.

Ahora bien, existe otra razón de mayor peso; en ocasiones ustedes piden la sanación del paciente y a veces la enfermedad misma es el proceso de sanación. La enfermedad trae implícito un proceso de crecimiento —de darse cuenta—, de aprendizaje, que conlleva una sanación mucho más profunda que la enfermedad física.

A veces, cuando piden sanación, lo que nosotros hacemos es acelerar los procesos de aprendizaje.

Se preguntarán qué pasa con los niños y con los ancianos. En este proceso de aprendizaje se involucra a los que están alrededor de la persona, de manera que todos obtienen crecimiento a partir de la enfermedad. Te recuerdo que todos ustedes vienen a esta vida con la intención de aprender algo específico y en muchas ocasiones la enfermedad es parte del proceso de aprendizaje.

Cuando ustedes se vuelven seres conscientes, pueden pedir que el proceso de aprendizaje venga de una manera más suave, de manera que puedan aprender la lección y ver las bendiciones escondidas que están detrás de la enfermedad.

Y, cuando sean total y absolutamente conscientes, pueden pedir SALUD PERFECTA. Cuando finalmente sepan (y se lo crean) que están hechos a imagen y semejanza de Dios, cuando estén conscientes, absolutamente conscientes de que la DIVINIDAD HABITA EN CADA UNO DE USTEDES y que cada uno de ustedes es TOTAL Y ABSOLUTAMENTE PERFECTO, entonces, ya no necesitarán de las enfermedades para sanar su alma.

Sé que estos conceptos les resultarán un tanto complicados a algunos de ustedes, pero simplemente regístrenlos, guárdenlos en *su corazón y en su memoria, llegará el día en el que tendrán más sentido para ustedes.*

*Estamos con ustedes, amándolos y acompañándolos siempre.*

*Arcángel Rafael*

## Sexualidad

Uno de los aspectos más reprimidos socialmente es el aspecto sexual y es que muchos de nosotros crecimos con una educación en la cual nos mostraron el sexo como algo sucio, negativo y malo. Para mí fue sorprendente cuando los ángeles me mostraron lo contrario y me hablaron de la importancia de vivir la sexualidad en plenitud.

El acto sexual: Los ángeles se refieren al acto sexual en una pareja como la expresión más hermosa y más sublime del amor humano; ello nos invita a vivir la sexualidad en plenitud y a expresar nuestro amor de pareja a través del encuentro sexual. Una vez más, lo único que nos piden es vivirlo en conciencia. ¿Cómo sería vivir la sexualidad así?

Los ángeles me hablan de varios factores a tomar en cuenta:

- Madurez: ser lo suficientemente maduro para responder ante tus actos, entendiendo que, al igual que todo acto tiene consecuencias, el encuentro sexual puede tener consecuencias físicas, psicológicas, emocionales, sociales, espirituales, etcétera. El encuentro sexual es un acto muy poderoso, tanto que puede generar la creación de una vida nueva; de esa misma forma, un encuentro sexual mal llevado, mal enfocado o vivido a la ligera o desde la inmadurez, puede resultar destructivo para la persona que lo vive; esto es, desde afectarle en su autoestima, hasta cambiar la vida de una persona con un embarazo no deseado o una enfermedad.

- Amor: el factor indispensable para vivir la sexualidad en plenitud es, sin duda alguna, el amor. El sexo sin amor puede resultar satisfactorio de momento, sin embargo, al cabo de un tiempo resulta vacío y sin sentido. El sexo vivido desde el amor de pareja, en el que dos cuerpos se comparten, se unen el uno con el otro y por un instante se vuelven uno solo, es un acto que ayuda a elevar el estado de conciencia que nutre el alma y que nos acerca a lo divino. A través del acto sexual vivido con amor, elevamos nuestra frecuencia energética, nos conectamos con el otro y entramos, a través del orgasmo, a un estado alterado de conciencia. El Tantra, una disciplina oriental con más de cinco mil años en la India, afirma que el sexo es una forma de alcanzar la **Iluminación**.

- Respeto: vivir la sexualidad con respeto hacia uno mismo y hacia el otro, es decir, cuidándome y cuidando a mi pareja; no hacer nada que pueda lastimarnos en el momento y/o a largo plazo y, por supuesto, en la conciencia de no permitir que el otro haga algo que me lastime o con lo que yo no esté totalmente de acuerdo y viceversa.

- Libertad: el acto sexual se debe vivir en libertad, nadie te puede forzar a hacer nada que no quieras o con lo que no te sientas cómodo. Esto quiere decir que por ningún motivo debe de ser obligado; por supuesto, no desde la imposición física o el abuso; no desde el deber ser, porque se tiene que cumplir con un rol social como esposa o esposo o para satisfacer las necesidades de otra persona. El acto sexual hermoso, sublime, se da desde la libertad y la voluntad de dos seres que se aman y desean expresarse mutuamente ese amor.

Una de las cosas en la que los ángeles hacen mucho hincapié es en gozar y disfrutar cada momento de la vida, celebrar la vida, vivirla al máximo. Esto también aplica en el tema de la sexualidad y me dicen abiertamente: «¿Para qué te habría dado Dios la capacidad de disfrutar, la capacidad de sentir placer, si no fuera para ejercerlo y alcanzar —también a través de esto— la plenitud?»

### *La importancia de la sexualidad en tu vida*

*Querida niña mía:*

*Date cuenta de la importancia que tiene la sexualidad en tu vida. La sexualidad es el principio del todo, es donde el yin y el yang se encuentran, donde la semilla encuentra tierra fértil y se vuelve fruto.*

*Les han hecho creer durante siglos que la sexualidad es negativa, que es sucia, que es un acto impuro. Esto no es real. No hay pureza más grande que el amor desnudo, sin tapujos, sin miedo; no hay pureza más grande que la conexión sublime entre dos seres que se aman.*

*La sexualidad es parte de su condición humana y cuando es bien llevada es la situación más cercana que puede existir al amor incondicional. ¿Te das cuenta, mi niña, de la importancia de lo que te digo?*

*Es la sexualidad el acto de amor más puro, más sublime, más tierno, más grande que puede existir; y sí, en ese acto de amor, en esa conexión divina, es en donde se encuentra Dios y donde se crea la vida.*

*Es por eso que te pedimos que la vivas en totalidad, que la goces, que la disfrutes; pero también, que, al igual que cada acto de tu vida, la vivas en completa y absoluta conciencia, con responsabilidad, con amor, con respeto por tu cuerpo y por el cuerpo del otro.*

*Te amamos siempre.*
*Arcángel Haniel*

## La orientación o preferencia sexual

Los ángeles no ven nuestras preferencias o inclinaciones sexuales. Ellos solamente ven en nosotros, en nuestro corazón, la capacidad de amar a otros seres humanos; es por eso que no juzgan o no condenan el que una persona sea gay, lesbiana, homosexual o incluso bisexual. Los ángeles saben que ser gay puede ser una situación elegida desde el **contrato de vida** para aprender algo de esa vivencia en particular. De la misma manera, he visto en mi consultorio hombres y mujeres que se han enamorado del alma de otra persona de su mismo sexo, sin que fuera algo que vislumbraran o planearan en sus vidas.

Ser gay es una experiencia de vida muy difícil en nuestros tiempos. Me ha tocado acompañar como terapeuta a varias personas con orientación sexual gay y me doy cuenta del rechazo social al que aún se enfrentan, por ende, a la dificultad de expresar su verdad o sus preferencias. Estoy segura de que es una condición de vida que lleva implícitos muchos aprendizajes y por lo tanto un gran crecimiento del alma. De manera personal honro y respeto a las almas que eligieron seguir este camino, ya que considero que fueron muy valientes al escoger sus condiciones de vida y aprendizajes.

Algo que yo les digo a mis pacientes al respecto es: *«si tú te encuentras en esta situación no permitas que ser gay te determine».* Es decir, no eres gay, eres un hombre o una mujer con una preferencia sexual diferente. Ser gay no te hace ni mejor, ni peor ser humano; no te hace diferente a una persona que elige a una pareja distinta a su género. Es simplemente una condición y una elección de vida, así como ser alto o bajo, como ser carnívoro o vegetariano o elegir una profesión. No dejas de ser hombre por ser chaparro, ni por ser contador... ¿o sí?

## La sexualidad como género

Antes de reencarnar, hacemos un plan detallado de nuestras vidas y es ahí cuando elegimos muchas cosas: aprendizajes, situaciones de vida, familia, misión. Entre esas elecciones están los roles que vamos a jugar y el género que vamos a tener.

Aprender a expresar nuestro ser mujer o ser hombre, a sacar a nuestra Diosa o Dios interior, honrarnos en nuestro género y ser capaces de vivirlo en plenitud, también es parte de la abundancia.

Todos somos yin y yang. Todos somos en parte energía masculina y energía femenina y está bien saberte un ser completo, desarrollando ambas partes de tu unidad. Sin embargo, elegiste un género al estar en la Tierra. El desarrollo de ese género y permitirte vivirlo en plenitud es parte importante de tu aprendizaje humano.

Si eres mujer, además de que seas independiente y capaz de pararte sobre tus propios pies, permítete desarrollar tu feminidad: atrévete a ser más dulce, a ponerte vestidos, a usar maquillaje, a ser bonita. No importa qué tanto sepas o no generar las cosas por ti misma, ábrete a recibir de los demás, aprende a nutrir el alma de otros y a compartir y a expresar tus emociones, permítete ser más sensible.

Si eres hombre, independientemente de qué tan sensible seas o qué tanto te permitas sentir tus emociones, entra en contacto con tu fortaleza, con tu capacidad de brindar seguridad, de ser protector, de atender y dar a los demás.

---

EJERCICIO N.º 12 «C»: EXPLORAR MI
SEXUALIDAD

---

Para realizar este ejercicio vas a necesitar una vez más el dibujo de tu cuerpo que hiciste anteriormente (ejercicio 12 «A»). Busca un lugar en el que puedas estar tranquilo y en paz.

1.  Observa detenidamente el dibujo de tu cuerpo. Pon especial atención en aquello que represente tu sexualidad. ¿Cómo te sientes con respecto a tu sexualidad? Observa tus sensaciones internas. ¿De qué te hablan estas sensaciones?

2.  Cierra los ojos y pide a tus ángeles que te muestren las creencias, los bloqueos, los prejuicios, los hábitos y/o pensamientos negativos que no te permiten disfrutar plenamente de tu sexualidad. Obsérvalos.

3.  Ahora pide que te muestren cómo sería tu vida si pudieras retirar estos bloqueos. ¿Cómo sería tu sexualidad? Observa. ¿Cómo te hacen sentir las imágenes que te muestran tus ángeles?

4.  Abre tus ojos y plasma en tu dibujo cómo quieres, de hoy en adelante, vivir tu sexualidad. ¿Cómo lo plasmarías en tu dibujo?

## Creatividad

Uno de los aspectos fundamentales que conforman la abundancia es la creatividad. Reconozcámonos como seres capaces de crear, de realizar alquimia y de transformar lo básico en algo más complejo. La vida, Dios, el universo, nos dan la materia prima que es la capacidad de soñar, de visualizar, de imaginar aquello que queremos crear, para que después seamos capaces de convertir esta energía en algo concreto.

Somos creadores. De nuestra mente y de nuestro corazón ha nacido TODO lo que somos y lo que tenemos. Somos **creadores creativos** a través de nuestros pensamientos y sentimientos. Por eso la importancia de permitirte soñar despierto, de permitirte perseguir tus sueños, de atreverte a concretizar aquello que visualizas.

Somos **tejedores de sueños**. Cada uno de nuestros sueños es un hilo que se va entrelazando con otro para completar un gran telar que es nuestra existencia. Entre más sueñes y más te permitas salir de tu zona de confort para alcanzar tus sueños, más hermoso y colorido será tu telar.

Ser creativo tiene que ver con permitirte soñar y con tomar acción dando los pasos que poco a poco te vayan acercando a tus sueños.

## TERCER CHAKRA
### Tu relación con la persona más importante del universo: tú mismo

Creo que todo lo que he aprendido en mi caminar espiritual y el contenido completo de este libro se puede reducir a una frase: ¡ÁMATE A TI MISMO!

Empecemos por el principio. Quizá el problema más común que tenemos los seres humanos es no sentirnos completamente amados. La mayoría de nuestras acciones tienen como fin último encontrar el amor y vamos pidiéndole al mundo que nos proporcione el amor que SOLAMENTE NOSOTROS MISMOS SOMOS CAPACES DE DARNOS.

La gran mayoría de las veces, cuando experimentamos ese dolor producido por la falta de atención, de amor, de respeto, de reconocimiento, de validez, es porque nosotros mismos no estamos siendo capaces de estar presentes en nuestro interior.

Tenemos que entender que la principal relación que tenemos es la propia. Yo amanezco conmigo, me acompaño todo el día, escucho todas mis palabras y mis pensamientos, siento todos mis sentimientos y me duermo conmigo. ¡Sería horrible «caerme gorda»[5]!

Aprender a estar con nosotros mismos es parte del proceso: aprender a valorarnos, a validar nuestros aciertos y a ser compasivos con nuestros errores, aprender a admirar nuestra belleza interna, a ver nuestra luz, nuestra grandeza, a ser capaces de enamorarnos perdidamente de nosotros mismos. Es ahí cuando nos empezamos a sentir vistos, queridos, atendidos, respetados y amados. Y cuando somos capaces de hacerlo por nosotros mismos, cuando somos capaces de emitir esta energía, es cuando el universo nos responde con el amor y el respeto de las personas que nos rodean.

## La ilusión del control

Como ya lo hablamos en el primer chakra sobre el tema de seguridad, en nuestra humanidad y desde nuestra vibración del miedo, queremos tener todo bajo control, es decir, queremos asegurarnos de que nada malo sucederá en nuestra vida; tenemos ciertas

---

5. «Caerme gorda» es una expresión que usamos en México para indicar que una persona nos resulta pesada o desagradable.

expectativas y queremos estar ciertos de que toda nuestra existencia, los pequeños y grandes sucesos, se ajustarán a nuestros deseos.

La realidad es que no tenemos control sobre nada; todo o nada puede cambiar en nuestra vida de forma abrupta. Podemos tener pérdidas o ganancias, caernos o seguir en pie, pueden sucedernos cosas «buenas» o «malas», podemos equivocarnos o acertar, tener éxito o fracasar, ser saludables o enfermar y no existe forma de controlar el resultado.

Lo que necesitamos entender es que todo lo que sucede en nuestra vida, sobre todo aquellas cosas que se salen de nuestro aparente control, son situaciones maestras que vienen a traernos una enseñanza; si cambiamos el enfoque con el que vemos estas situaciones nos daríamos cuenta de que la mayor parte de las que consideramos «malas», al capitalizar el aprendizaje que nos traen, se convierten en bendiciones y, en muchas ocasiones, en los escalones que tenemos que subir para llegar a alcanzar nuestro deseo.

*Brenda anhelaba con todo su corazón tener una pareja estable con quien compartir su vida. A lo largo del tiempo que duró su terapia, salió con tres diferentes personas con quienes no pudo concretizar este sueño. Ella sentía que todo había sido una pérdida de tiempo y Dios no era capaz de concederle su deseo. En una sesión me pidió que trabajáramos sobre este asunto en particular y se dio cuenta de que cada uno de estos hombres le había dejado un aprendizaje importante sobre los patrones que seguía en su relación con los varones; cuando pudo capitalizar el aprendizaje, se sintió agradecida y feliz, dándose cuenta de que estas lecciones, sin duda, le ayudarían a cambiar la forma de relacionarse con ellos y a encontrar una interacción más positiva con su siguiente pareja. Se dio cuenta entonces de que, para que ella pudiera lograr su sueño, requería cambiar algunos aspectos en ella misma y que al final*

*Dios no le había fallado, simplemente la estaba preparando para poder sostener una relación tal cual como ella la quería.*

La gran mayoría de las veces, cuando manifiesto algo y lo pongo en manos de Dios, se me da más allá de mis propias expectativas, es decir, si yo estoy pidiendo A y B, Dios me dice *así no* y me termina dando A, B, C y D. Si yo estoy queriendo controlar toda la situación, queriendo asegurar que A y B se den en su totalidad, no le doy permiso a Dios de sorprenderme, no dejo espacio en mi vida para los milagros.

*Durante años celebré mi cumpleaños haciendo grandes fiestas (a veces de disfraces) con mi mejor amigo, quien cumplía dos días antes que yo; sin embargo, las circunstancias de la vida nos fueron alejando hasta que dejamos de celebrar nuestros cumpleaños juntos. El primer año que esto sucedió le pedí a Dios con todo mi corazón que me ayudara a tener un cumpleaños hermoso y que no sintiera el hueco en mi corazón que la ausencia de mi amigo dejaba.*

*El día de mi cumpleaños lo pasé muy bien en compañía de mis hijos y al día siguiente viajaba a Veracruz al Encuentro de Angeloterapeutas. En la noche tuvimos una fiesta de disfraces de los reinos angélicos, en la cual mis angeloterapeutas me sorprendieron llevándome un pastel, cantándome las mañanitas y convirtiendo la fiesta del encuentro en mi celebración de cumpleaños. Dios me sorprendió. De pedir un cumpleaños en paz y tranquila, me regaló uno de los cumpleaños más divertidos que he tenido. Si yo hubiera querido controlar todos los detalles del encuentro o de mi cumpleaños, quizá no hubiera permitido tantas bendiciones.*

El deseo de controlar está en el plexo solar; cuando deseamos controlar lo hacemos desde el miedo y es esa la vibración que estamos enviando al universo. Cuando yo estoy deseando controlar cada detalle es porque estoy diciéndole al universo: «*No confío en ti, entonces lo tengo que hacer yo mismo*».

Soltar el control es parte de ser abundante, es vibrar en confianza y decirle a Dios: «*Vamos, aquí estoy, confío en que me vas a sorprender*».

## Autoestima

La autoestima se puede definir como el conjunto de pensamientos, sentimientos, percepciones y conceptos que una persona tiene sobre sí misma.

La autoestima se forma desde la niñez, a partir de lo que el entorno (padres, familia, escuela, amigos) va reflejando sobre el individuo, ya sea a través de las palabras y acciones, y se va transformando a lo largo de la vida a través de los aciertos, errores, juicios, reconocimientos y trabajo interno que vaya teniendo la persona.

Si tuviste la fortuna de tener unos padres positivos, presentes y amorosos; de asistir a un colegio que enaltece la formación del individuo, lejos de buscar la uniformidad de los alumnos y la competencia entre ellos, entonces, seguramente tendrás una autoestima alta.

La realidad es que lo normal, en nuestra sociedad latina, es haber crecido con la atención puesta en el «frijolito en el arroz»[6], en donde lo que normalmente nos reflejaban era lo negativo que hacíamos, además, al menos todos aquellos que nacimos antes de 1990 crecimos con padres que no tenían la más remota idea de la importancia que implica formar un buen autoconcepto en los hijos. Muchos de nosotros crecimos con padres que buscaban formar niños

---

6. Expresión que se utiliza para señalar lo negativo dentro de lo positivo. Lo negro dentro del blanco.

educados y bien portados, sin importar el costo que esto tuviera; por supuesto, tenemos que entender que nuestros padres estaban haciendo su mejor esfuerzo, considerando que en ese momento eso era lo mejor para nosotros.

Desde esta premisa, es muy común encontrarnos, en nuestra sociedad, con individuos que tienen una autoestima baja o media. Si queremos tener una autoestima alta tenemos que trabajar sobre ella.

*¿Y para qué me serviría tener una autoestima alta?* Pues es muy sencillo: mientras tú sigas teniendo una autoestima chica o mediana, seguirás teniendo una vida chiquita o mediana; si tú quieres tener una vida abundante, plena y extraordinaria, necesitas reconocerte capaz de construirla (ya lo eres) y merecedor de recibirla (ya lo eres).

Cabe mencionar que la autoestima es solamente la forma en la que nosotros nos percibimos a nosotros mismos y hay que recordar que, a cada uno de nosotros, DIOS NOS CREÓ EN ABSOLUTA PERFECCIÓN.

*Durante los primeros años de mi despertar de conciencia, el arcángel que estuvo más cercano a mí fue el arcángel Uriel, quien aparecía en mis meditaciones y me daba constantemente mensajes en escritura automática[7]. Yo no entendía el por qué él, la función principal del arcángel Uriel es ayudarnos en la autoestima y yo pensaba que había mil cosas que sanar en mi vida antes que trabajar en mí.*

---

7. Se le llama escritura automática al hecho de recibir mensajes de los ángeles por escrito. Esto es, como si nos estuvieran dictando el mensaje. Son palabras que fluyen a través de ti, pero que sabes que no son tuyas; a veces se diferencian porque el tipo de letra es diferente o algunas palabras no son parte natural de tu vocabulario. A veces, surge con la necesidad de hacer un dibujo o un gráfico y posteriormente viene el mensaje.

Al pasar de los años, cada vez voy entendiendo más la forma en la que los ángeles nos ayudan y me sorprende que una y otra vez esta situación se repite con mis pacientes: lo primero que los ángeles nos piden es *VOLTEA TU MIRADA AL INTERIOR* y reconoce quién eres... He ahí el origen del todo.

## Voltear la mirada hacia adentro

*Querido mío:*

*Cuando te pedimos que voltees tu mirada al interior, lo hacemos porque queremos que seas capaz de verte a ti mismo de la manera en la que nosotros los ángeles lo hacemos.*

*A ustedes, desde su humanidad, les da miedo verse a sí mismos, porque piensan que lo único que verán es su sombra.*

*Nada más alejado de la verdad. Si se dieran permiso, se darían cuenta de que al entrar en ustedes mismos lo único que encontrarían es luz, ya que hasta su misma supuesta sombra, vista desde nuestra perspectiva, está iluminada.*

*Entonces, lo que nosotros te pedimos, concretamente, es que te atrevas a voltear tu mirada al interior. Estas frases lo engloban todo:*

- *Voltea tu mirada al interior y DESCUBRE LA MARAVILLOSA PERSONA QUE YA ERES.*
- *Voltea tu mirada al interior y OBSERVA QUE ESTÁS LLENO DE VIRTUDES, DE TALENTOS, DE HABILIDADES.*
- *Voltea tu mirada al interior y DATE CUENTA DE QUE ERES ÚNICO E IRREPETIBLE.*
- *Voltea tu mirada al interior y ENTIENDE QUE ERES IMPORTANTE PARA EL MUNDO (para tu mundo, tu familia, tu entorno, la gente que te rodea).*

- *Voltea tu mirada al interior y VE TODO LO QUE TIENES PARA COMPARTIR.*

- *Voltea tu mirada al interior y ATRÉVETE A RECONOCER TUS SOMBRAS, atrévete a ver que no son tan oscuras como tú creías y que tienen una razón de ser en tu vida.*

- *Voltea tu mirada al interior y SÉ COMPASIVO CONTIGO; entiéndete desde tu historia, desde tu educación, desde tus creencias aprendidas.*

- *Voltea tu mirada a tu interior y PERDONA TUS FALTAS, tus errores, entendiendo que siempre has actuado en pro de tu más alto bienestar.*

- *Voltea tu mirada al interior y HONRA TU HUMANIDAD; date cuenta de lo hermoso que eres siendo humano, confundiéndote, cayéndote, tropezándote, aprendiendo, creciendo.*

- *Voltea tu mirada al interior y DELÉITATE CON TODA TU DIVINIDAD, date permiso de ver a Dios que ya vive dentro de ti; date permiso de ver toda tu grandeza, tu majestuosidad, tu belleza sublime, tu luz, tu esencia.*

*Cuando seas capaz de verte a ti mismo con estos ojos, cuando seas capaz de creer que Dios vive en tu interior y te veas desde esta nueva perspectiva, te reconocerás como un creador de milagros y merecedor de toda la abundancia.*

*Te acompañamos en el hermoso recorrido de reconocerte a ti mismo.*

*Te amamos incondicionalmente.*
*Arcángel Uriel*

*Hace tres años, en una de mis sesiones de trabajo en Atlanta, Georgia, conocí a Jessica por primera vez; se presentó a su angeloterapia sintiéndose muy mal con respecto a ella misma. Entre las cosas que comenta-*

*mos en su terapia fue el hecho de que se sentía gorda, fea e inútil. Por supuesto que el arcángel Uriel se presentó en la terapia y fue el primero en efectuar sanación. Los ángeles le hablaron a Jessica sobre su valor, su belleza, su grandeza y le hablaron de todos los motivos por los cuales debía de volver a creer en ella misma. Asimismo, le dejaron de tarea que todos los días escribiera al menos tres cosas positivas que hubiera encontrado en ella misma.*

*Volví a ver a Jessica un par de veces más en los siguientes años y aunque, a veces, en sus terapias se trataban otros temas, los ángeles siempre le recordaban la importancia de seguir trabajando su autoestima y creer en sí misma.*

*En mi último viaje a Atlanta me sorprendí al verla. La encontré mucho más delgada, arreglada, bonita, se sentía dueña de sí misma y lo irradiaba. Esta mejora en su autoestima no solo se tradujo en el aspecto físico, la relación con su marido había mejorado notablemente, al igual que su trabajo y su economía. Jessica estaba y se sentía en control de su vida.*

---

## EJERCICIO N.º 14: RECONOCERME EN EL ESPEJO

Para este ejercicio vas a requerir de un espejo. Busca un lugar en el que puedas estar tranquilo y en paz.

1. Ubícate frente al espejo y obsérvate. Mientras lo haces, contesta para ti las siguientes preguntas:

2. ¿Qué ves? ¿Dónde pones tu atención? ¿En qué te estás concentrando? ¿Cómo te sientes al verte en el espejo? ¿Conoces a esta persona que está frente a ti? ¿Qué tanta atención le pones? ¿Conoces sus gustos, sus necesidades, sus aspiraciones? ¿Qué espacio le das en tu vida?

3.  Pon atención en tus ojos... ¿Qué ves en esos ojos? ¿Qué te reflejan? ¿De qué te hablan? ¿Cuáles son los sentimientos que albergan? ¿Qué sueños están escritos en esta mirada?

4.  ¿Cómo te expresas normalmente de esta persona? ¿Cómo le hablas? ¿Le dices palabras que nutren, que enriquecen o que lastiman? ¿Cómo la tratas? ¿Con cariño? ¿Con amor? ¿Con respeto? O ¿Con lástima, con humillación, con desprecio? O lo que podría ser peor: ¿La ignoras y simplemente no le pones atención?

5.  ¿Qué haces por esta persona? ¿Le das lugar en tu vida? ¿Le dedicas tiempo? ¿Le das permiso de satisfacer sus necesidades? ¿De seguir sus sueños? ¿Cuánta atención le pones? ¿Atiendes sus necesidades o atiendes a otros antes que a ella? ¿Qué tanto espacio/tiempo le das en tu vida?

6.  ¿Qué le tienes qué agradecer a esta persona? ¿Cuáles han sido sus grandes aciertos en la vida? ¿Sus grandes logros? ¿Sus grandes satisfacciones? ¿Qué hace que esta persona sea única e irrepetible? ¿Qué la hace especial? ¿Qué talentos o cualidades tiene para ofrecer al mundo? ¿Qué la hace ser importante para los demás?

7.  ¿Qué sientes por la persona del espejo? ¿Cómo expresarías lo que sientes por ella? ¿Cómo se lo demostrarías en el día a día?

8.  ¿Qué nuevos compromisos quieres hacer con esta persona? Exprésalos.

9.  Cierra tus ojos. Tómate un tiempo para integrar tus respuestas. Cuando estés listo, abre los ojos.

## Metas y logros

Es imposible que yo sepa de qué soy capaz o qué tan lejos puedo llegar si no me atrevo a salir de mi zona de confort. Parte de construir la autoestima es, sin duda alguna, empujarme hacia afuera de mis propios límites, obligarme a dar algunos pasos que quizá me dan miedo para encontrar mis talentos escondidos, fijar metas que impliquen alcanzar un poquito más de lo logrado anteriormente, ir más lejos de lo acostumbrado, tomar un nuevo camino.

Arriesgarse ayuda a descubrir talentos y habilidades que estaban ocultos, por ende, ayuda a mejorar el autoconcepto y la autoestima.

La principal razón por la cual permanecemos en la zona de confort, es el MIEDO a no ser capaces, a no poder cumplir con lo que se requiere, al fracaso, a no lograr la meta fijada. Aquí valdría la pena hacerse la siguiente pregunta: *Si no tuviera miedo y si tuviera la seguridad de que el universo me sostiene constantemente, ¿qué estaría haciendo?*

Recuerda que cuando actúas desde el miedo, es ese el mensaje que les estás enviando al universo, por lo tanto, las situaciones que estarás creando para ti y para tu vida serán negativas.

Es normal tener miedo en una situación que te exige salirte de lo conocido, pero recuerda que existen dos tipos de miedo: el que te paraliza y no te permite moverte y el que previene y te sirve de paracaídas. Si esta situación que enfrentas te hace sentir ansiedad o temor, cierra tus ojos, pídele a tu miedo que se quite de enfrente, donde te paraliza, pídele que se ponga a un lado y tómalo de la mano, déjalo que se convierta en un aliado, en lugar de un obstáculo; déjalo que te aconseje y te prevenga; que se convierta en tu asesor. Y así con el miedo de la mano, ve hacia delante en tu vida.

No se es valiente por la ausencia de miedo, sino por atreverse a actuar a pesar de él. El miedo es una barrera que no nos permite explorar qué hay más allá de él, es justo la pared que te separa de tu potencialidad. Atrévete a atravesar esa pared para que logres conocer todo lo que ya eres.

*Me ha tocado la enorme fortuna de ver a algunos de mis pacientes so-*
*breponerse a sus miedos y desdoblarse hacia su potencial. Tal es el caso*
*de Vanesa; cuando llegó conmigo tenía un enorme miedo a vivir, todo*
*lo que implicaba salirse de su zona de confort le generaba pánico.*

*Fuimos trabajando uno a uno sus miedos y uno de los que más*
*trabajo nos costó fue atreverse a desarrollar su misión de vida. Vanesa*
*tiene el talento, la vocación y la misión de ser maestra de yoga para ni-*
*ños. Cuando la conocí trabajaba como maestra de kínder y lo hacía*
*muy bien, sin embargo, no se sentía satisfecha al 100% en esta labor.*
*Conforme fue venciendo sus miedos, se atrevió a tomar el curso de cer-*
*tificación de yoga, la especialidad de yoga para niños, empezó a ofrecer*
*sus servicios para dar talleres en diferentes escuelas y hoy ya tiene su*
*propio lugar para impartir yoga. Sin duda, Vanesa ha sido una mujer*
*muy valiente al seguir sus pasiones y desarrollar su potencial.*

## Reconoce tu valía personal

«*Eres único e irrepetible*», son palabras que normalmente nos repite
el arcángel Uriel y nos cuesta mucho trabajo asimilarlas y creerlas.
Somos únicos. Cada uno de nosotros venimos equipados con talentos y habilidades específicas, cada uno de nosotros fue dotado de
manera particular de una serie de atributos que, al combinarse, nos
convierten en individuos perfectos para la misión perfecta que venimos a cumplir. Así como tu cuerpo físico es perfecto para tu misión, también los rasgos de carácter y personalidad son perfectos
para esta.

Al hablar del tema de la valía personal nos enfrentamos a dos
situaciones: la primera es la falta de conocimiento propio y la segunda es el constante enfoque en los rasgos negativos. De esta forma, nos resulta complicadísimo reconocernos como personas valiosas y merecedoras.

Lo más importante que necesitas saber es que todos esos rasgos que te hacen especial, no los tienes ni que inventar ni que desarrollar. Todo eso que te hace ser único e irrepetible ya existe en ti, solamente lo tienes que reconocer.

¿Cómo me reconozco? A mis pacientes que se encuentran en este punto de reconocerse a sí mismos, les dejo con frecuencia de tarea que hagan un ejercicio de introspección al terminar el día: hacer un repaso de lo acontecido y de la manera como reaccionaron o actuaron en las circunstancias que vivieron y que, al observar una cualidad, la escriban o se la repitan a sí mismos como una afirmación.

Este ejercicio, hecho de manera cotidiana, nos permite observarnos a nosotros mismos en diferentes escenarios e ir descubriendo poco a poco diferentes facetas de la personalidad. Con el tiempo nos daremos cuenta de que, aun aquello que nos podría parecer negativo, al final es positivo ya que nos permite hacer o lograr determinadas cosas.

*Andrea no creía en ella misma; de pequeña había crecido en un entorno hostil y materialista donde la principal creencia era que, si no tenías suficiente dinero, no valías. Sus papás hacían un gran esfuerzo por pagarle la escuela a la que asistía, sin embargo, querer encajar en este mundo superfluo le afectó a su valía personal. Ella siempre se sintió relegada, no tomada en cuenta, inclusive, rechazada por sus compañeras. Este sentimiento la acompañó durante gran parte de su vida; ella pensaba que era una persona insignificante que no tenía nada qué aportar a su entorno inmediato. Normalmente se presentaba ante el mundo (en su trabajo, con su familia, con sus amistades) de manera insegura y miedosa; siempre esperando ser ignorada o rechazada por los demás.*

*Al ir avanzando en su terapia, Andrea pudo descubrir la maravillosa mujer que es: emprendedora, luchona, trabajadora, creativa, valiente, capaz de seguir sus sueños, de enfrentarse a la adversidad y de superarla; una mujer hermosa, por dentro y por fuera, que siempre tiene una palabra de aliento para los que la rodean; con el corazón abierto, amorosa, paciente, empática y buena amiga. Hoy Andrea se siente más segura de enfrentarse a la vida y a su entorno. Hoy sabe que lo que ella aporta es importante y que es bienvenido y apreciado por los demás.*

---

## EJERCICIO N.º 15: AFIRMAR MIS CUALIDADES

---

Para este ejercicio necesitarás pluma, papel y la ayuda de un familiar o un amigo en quien confíes mucho. Busca un lugar en el que puedas estar tranquilo y en paz.

1.  Lee la siguiente historia:

Estás viviendo las vacaciones de tu vida en un crucero. Todo ha estado de maravilla, has descansado, te has divertido, de verdad, la has pasado increíblemente bien. De pronto, se escucha en las bocinas del barco: «Estimados pasajeros, les habla el capitán, para informarles que el barco se está hundiendo, busquen un bote salvavidas para ponerse a salvo».

Al escuchar esto tú empiezas a correr y en el camino hacia el bote salvavidas te encuentras con un pequeño niño(a) llorando, lo tomas de la mano y lo llevas contigo; se suben al bote y cuando menos lo esperas ya están en altamar...

2.  A partir de este momento vas a escribir tú el resto de la historia, tratando de desarrollarla hasta que el niño y tú estén total y absolutamente a salvo.

3.  Una vez terminada tu historia, léela a tu amigo o familiar en voz alta y pídele que te refleje las características que ve en ti a lo largo de la

narración. Por ejemplo: si tú dijeras que te enfrentaste a un tiburón, tu contraparte te puede decir que eres valiente.

4. Escribe todas las características que te sean señaladas y al final, poniendo las manos en tu plexo solar, repítelas en voz alta como afirmaciones. Ejemplo: «YO SOY VALIENTE».

5. Cierra los ojos y date cuenta de cómo te sientes al descubrir todo esto en ti.

## ¿Qué tienes que aportar al mundo?

Este conjunto de talentos y habilidades que nos hacen ser únicos e irrepetibles, son también los que determinan nuestra misión. Cada una de nuestras características, incluyendo aquellas que podemos considerar en primera instancia como defectos, fueron creadas por nuestra alma como un equipamiento, un arsenal que nos permitirá llevar a cabo nuestra misión de vida de manera satisfactoria.

Reconocer todas estas características es lo que también va a ir develando poco a poco la misión que viniste a realizar a esta tierra. Lo que te va a ir mostrando para qué eres bueno.

¡No hay forma de que tengas como misión ser bailarina si tienes dos pies izquierdos!

Tu misión de vida tiene que ver con el desarrollo pleno de estos talentos y habilidades y con aquello que más te apasiona, es decir, aquello que hace vibrar a tu corazón.

*Ernesto es un hombre emprendedor, organizado, líder, motivador y creativo, entre muchas otras cosas. Su pasión es la música. Sus aptitudes y talentos, sumados a su pasión, dan como resultado su misión de vida: impulsar a los jóvenes músicos a seguir y desarrollar sus sueños.*

## Reconocer que eres rey y dios

Los ángeles nos enseñan a reconocernos como seres espirituales, es decir, antes de ser carne, somos espíritu, somos alma, somos luz; hechos de la esencia divina del amor de Dios, hechos de su misma naturaleza. Cuando somos capaces de vernos así, cuando reconocemos nuestra **divinidad**, estamos reconociendo que somos **reyes** y que también somos **dioses**. Nos reconocemos como hijos de Dios, somos su obra maestra, hechos a su imagen y semejanza. Somos parte del todo que es creado por Dios para experimentarse a través de nosotros, somos parte de lo que ÉL CREÓ y de lo que ÉL ES.

Esto nos vuelve perfectos, nada que sea parte de Él o haya sido creado por Él puede ser imperfecto; esto nos vuelve merecedores de amor y de abundancia. Soy hijo(a) del Rey, por lo tanto, soy príncipe (princesa). Soy parte de lo que Él es, por lo tanto, soy Dios/Diosa.

### *¡Afírmate en tu divinidad y vuela aún más alto!*

*Queridos míos:*

*Todos ustedes, que están vibrando en la Luz y que viven en la conciencia, han pasado por un periodo de transición; muchos han vivido cambios, pérdidas, separaciones, crisis, entre muchas otras cosas. Se podría decir que cada uno ha tenido su propio terremoto en el que viejas estructuras tuvieron que ser derrumbadas para poder tener terreno fértil para sembrar lo nuevo.*

*Algunos de ustedes vivieron situaciones difíciles en las que tuvieron la opción de vivir en el miedo, el drama, la soledad y la angustia; sin embargo, vimos con felicidad que muchos de ustedes, a pesar de estas situaciones, decidieron vivir en el amor, reconociéndose como hijos de Dios y confiando en cada uno de sus procesos, aun a veces sin entenderlos del todo.*

*Pues bien, la forma de salir de esta transición en forma de vorágine ascendente es a través de la fe. Esta nueva FE de la que les estamos hablando va mucho más allá de lo que ustedes entienden por fe.*

*Anteriormente, ustedes tenían fe en un Dios omnipresente y todopoderoso, sin embargo, este concepto de Dios para muchos de ustedes era lejano y, en ocasiones, ausente; a lo largo de todo este despertar han aprendido que este Dios maravilloso, omnipresente, todopoderoso, luminoso y eterno, vive y está aquí en cada partícula del universo. Han aprendido que este Dios está vivo en cada uno de sus corazones cada vez que palpitan, que respiran… Han aprendido a ver a este Dios en los ojos del otro. Esta nueva Fe es la fe en este DIOS PRESENTE y presente también en cada uno de ustedes.*

*Entonces, cuando te llenas de fe, es momento de lograr el profundo reconocimiento de la Divinidad en tu interior, de reconocerte como parte de esta Luz tan inmensa que es Dios, de reconocer que Él no nada más renace, sino crece y se expande a través de ti, cuando tú lo decides, en cada una de tus acciones. Es momento de reconocer, de creer, de saber que Dios vive en ti y tú en Él y que es esta Luz de Dios, la que te hace fuerte cada día, la que te ayuda a dar un paso más allá, la que te impulsa a lograr tus metas y tus ideales más altos, la que te ayuda a vencer los más grandes obstáculos y ¡te lleva de la mano a lograr tus sueños!*

*Es momento de reconocerte Rey, HIJO DE DIOS, luminoso y merecedor. De reconocer que Dios te hizo a su imagen y semejanza; único, irrepetible, perfecto para los aprendizajes y la misión que vienes a vivir en esta tierra. Siempre hermoso a sus ojos Divinos y profundamente poderoso desde el amor. De reconocer tu Naturaleza Divina y aceptar de una vez por todas que dentro de ti también reina la Divinidad.*

*Es momento de volar todavía más alto, de ir más lejos, de crear una realidad mucho más plena y más sublime. Es momento de confiar, DE TENER FE y de darte cuenta de que en realidad, la magia está sucediendo.*

*Como siempre, te recordamos que nunca estás solo, volaremos contigo tan alto como tú mismo nos lo indiques, siempre protegiéndote, cuidándote, guiándote, pero sobre todo, llenando tu corazón de AMOR INCONDICIONAL.*

*Te amamos y te acompañamos siempre.*

*Arcángel Miguel*

## Reconocerte merecedor

Una vez que aprendemos a vernos a nosotros mismos, que reconocemos cada una de nuestras virtudes y entendemos que nuestros supuestos defectos tienen una razón de ser; que sabemos que todo aquello que somos constituye una versión perfecta de la creación de Dios; una vez que nos reconocemos hijos de Dios, parte de lo que Él es; que nos sabemos y nos sentimos príncipes, princesas, reyes, reinas, dioses y diosas, es entonces cuando simplemente ya no podemos negar el flujo de la abundancia.

## Somos merecedores de amor y de abundancia

Somos merecedores de recibir todo el amor porque fuimos hechos desde el amor y para el amor. El amor es nuestra esencia, nuestra sustancia, nuestra materia. El amor es de lo que estamos hechos. Negar el amor o negar el dar y recibir amor, sería tanto como negarnos a nosotros mismos.

Somos merecedores de vivir en abundancia, porque estamos aquí para experimentarnos en Dios y para que Dios se experimente en nosotros; fue Él el que nos puso este mundo abundante y pleno para vivirlo; es Él el que nos otorga el libre albedrío de aceptarlo y recibirlo o negarlo. También es Él, el que nos recuerda que es nuestra elección abrirnos y tomar toda la abundancia que está aquí para nosotros.

*Hace unos meses impartí el Curso de Certificación de Angeloterapeutas en Costa Esmeralda, Veracruz, en un lugar paradisíaco en donde el azul del mar contrastaba con el verde esmeralda de la vegetación y el naranja del amanecer, de una manera verdaderamente deslumbrante.*

*Como en cada uno de mis retiros, iniciamos con la clase de yoga al aire libre a las 7:30 am. Realizar la clase en este escenario resultaba más que asombroso. Aun así, hubo alumnos que decidieron no presentarse a la clase y otros que sí estuvieron, pero que, en lugar de centrarse en toda la abundancia que ofrecía el momento, se quejaban de nimiedades como el aire, el mosquito o los rayos del sol en la cara. Yo me descubrí enojándome con este hecho. En la meditación final en Shavasana[8] Dios me hizo ver que así es la vida, que la abundancia siempre está ahí (como si fuera parte del paisaje, del entorno) y que cada uno de nosotros tenemos la opción de elegir verla y tomarla o no.*

*Algunos decidimos conectarnos con ella, mientras otros (como los que se quejaron) decidieron centrarse en la carencia. En esta meditación Dios me pidió que, al igual que Él lo hace con nosotros, yo les permitiera a mis alumnos elegir en dónde pondrían su atención, sin juzgarlos y sin condicionar mi amor hacia ellos.*

---

8. Shavasana: postura del cadáver. Normalmente es la última postura en la clase de yoga, acostado boca arriba en relajación total. Se usa para hacer la meditación final.

## CUARTO CHAKRA
### ¡Abre tu corazón!

## Tus sentimientos (¡todos los sentimientos son buenos!)

La abundancia en el corazón tiene que ver, no con la cantidad de sentimientos que tengamos, sino con la calidad de los mismos, con la capacidad de permitirnos sentirlos, expresarlos y procesarlos para nuestro más alto bien.

Habría que comenzar por decir que TODOS los sentimientos son buenos, inclusive aquellos que en nuestra sociedad pueden tener una connotación negativa, como el enojo, el dolor o la tristeza.

Tuve una gran maestra de Psicoterapia Gestalt, la doctora Myriam Muñoz, directora del Instituto Humanista de Psicoterapia Gestalt, quien nos enseñó la MATEA, que se refiere a los cinco sentimientos básicos que existen: miedo, amor, tristeza, enojo y alegría. De estos cinco sentimientos se derivan todos los demás.

Los ángeles agrupan los sentimientos en dos segmentos: los que provienen y te llevan al **amor** y los que provienen y te llevan al **miedo**.

El arcángel Jeremiel ha sido muy claro en sus comunicaciones en cuanto al manejo de los sentimientos. No importa cuál sea el sentimiento que se presente, lo importante es qué haces con él.

Los sentimientos, al igual que todas las circunstancias de nuestra vida están aquí para mostrarnos algo, para enseñarnos algún aspecto de nuestra personalidad o alguna necesidad, quizá alguna situación no resuelta.

Los sentimientos son la expresión de nuestra humanidad. Es decir, poder sentir y experimentar todo este matiz de sensaciones es lo que nos hace y nos define como humanos.

Los sentimientos *per se* no son un problema, lo que sí representa un problema es la forma en la que a veces reaccionamos ante ellos. Cuando mi reacción se basa en culpar al entorno o reaccionar hacia fuera, sin llevar ese sentimiento a la conciencia, es decir, cuando reaccionamos visceralmente sin permitirnos procesar lo que estamos viviendo, es cuando la experiencia podría «volverse negativa»; la realidad es que el sentimiento nunca es negativo, ya que aun cuando reaccionáramos de una forma poco apropiada, seguiríamos aprendiendo de él y de las consecuencias de nuestra reacción. Es decir, seguiría siendo **maestro** y esto *per se* lo vuelve positivo.

Según la doctora Muñoz, los sentimientos traen implícita una necesidad; el ciclo inicia con la sensación que produce el sentimiento y acaba con la satisfacción de la necesidad del mismo.

De manera general, las necesidades detrás de cada sentimiento podrían ser:

- Miedo: necesidad de protección.
- Alegría: necesidad de compartir.
- Tristeza: necesidad de introspección.
- Enojo: necesidad de poner límites.
- Amor: necesidad de cercanía, de expresión.

Cuando aprendemos a ver cuál es la necesidad escondida y buscamos su satisfacción, estamos procesando el sentimiento de una forma positiva.

A veces, cuando estamos en el camino espiritual creemos que no debemos de tener ciertos sentimientos, entonces luchamos contra nosotros mismos para no sentirlos; nos evadimos de ellos. Los ángeles nos recuerdan que los sentimientos, **todos**, son parte de nuestra humanidad y nos piden que aprendamos a honrar y a respetar aquello que surja, siendo observadores y testigos de todo lo que sucede en nuestro corazón.

En inglés existe la palabra *embrace*; su traducción literal sería «abrazar». Cuando existe un sentimiento, no importa cuál sea, abrázalo, dale la bienvenida a tu vida, déjate sentirlo (acuérdate de que *lo que resiste, persiste*) y pregúntale: ¿Cómo puedes ser mi maestro? ¿Qué vienes a enseñarme? Deja de pelearte con tus sentimientos y simplemente permíteles que sean parte de tu vida.

*Jaime es mi paciente, es una persona muy iracunda quien llega a terapia con la intención de aprender a manejar su enojo y a reaccionar de una forma más positiva ante él. De lo primero que nos percatamos durante el proceso terapéutico fue que, es tanto el miedo a su propia reacción, que tiende a reprimir el enojo, es decir, no se permite sentirlo; busca de mil maneras evadirlo, guardarlo, no permitirle que surja. Lo que hace al fin de cuentas es irlo acumulando en su interior, generando el efecto de una olla exprés; al final es tanto el enojo acumulado que termina sacándolo y explotando en contra de la última persona que se lo generó.*

*Además del trabajo energético con el arcángel Jeremiel (proceso) y el arcángel Gabriel (expresión), Jaime ha aprendido a procesar sus enojos.*

*Cada vez que se siente enojado, se pregunta a sí mismo: ¿Qué es lo que está generando este enojo? ¿Qué límite tengo que poner? ¿Cómo puedo poner el límite de una manera asertiva sin dañar a otros o dañarme a mí mismo?*

Al parecer esta fórmula está funcionando para él. Hoy está siendo capaz de sentir su enojo, reconocerlo y expresarlo, sin que llegue a ser una presión tan grande que explote dañando sus relaciones.

## Cuando las emociones se vuelven negativas

*Queridos míos:*

Hemos hablado en incontables ocasiones de la importancia de ver, atender, procesar y expresar sus emociones. Ya que las emociones estancadas, que no son procesadas o expresadas, pueden convertirse en bloqueos energéticos y posteriormente en enfermedades.

También hemos hablado de que no existen emociones o sentimientos buenos o malos; todos los sentimientos, incluyendo aquellos que ustedes consideran «negativos» como la tristeza, el dolor, el enojo, la ira o el miedo, son inherentes a su condición humana y traen implícita alguna necesidad a satisfacer, alguna acción a tomar o alguna lección de vida por aprender.

Entonces, ¿cuándo es que los sentimientos o emociones pueden resultar negativos?

- Cuando no haces caso de su existencia y solamente vives en la razón.
- Cuando tienes miedo de tus sentimientos y no te permites vivirlos plenamente.
- Cuando no los aceptas como tuyos, quieres evadirlos, negarlos, etcétera.
- Cuando los vives en el interior solamente, sin darles un canal de expresión sano. Te los guardas para ti mismo, no les das una salida positiva.

- *Cuando sí los expresas, pero los utilizas como una fuente para dañar a otros o a ti mismo (te vuelves ofensivo, vengativo, depresivo, etcétera).*

- *Cuando no te responsabilizas de tu sentimiento y de la necesidad que viene implícita. Por ejemplo, tu sentimiento te pide que pongas límites a otra persona y tú lo dejas pasar, de tal manera que la situación se seguirá presentando una y mil veces, trayendo consigo una vez más el sentimiento en cuestión.*

- *Cuando te creas o generas expectativas o historias a partir del sentimiento, que, después, al no cumplirse de la forma en la que las visualizaste, te generan otros sentimientos de tristeza y desilusión.*

*Como ves, los sentimientos son parte importante de tu humanidad; es por eso que te pedimos que los vivas en plenitud; permítete sentir y utilizar a tus mismos sentimientos como fuente para tu crecimiento; permítete sentir, dejando que tus sentimientos sean guías en tu camino; observa tus emociones y hónrate en el proceso de tu humanidad.*

*Si existen sentimientos que te cuesten trabajo afrontar, nosotros los ángeles estaremos siempre gustosos de asistirte en el proceso.*

*Te amamos y acompañamos siempre.*

*Arcángel Jeremiel*

## Vivir con el corazón abierto

Todos nacemos con el corazón abierto; es a partir del paso de los años y como resultado de las circunstancias que vamos viviendo en este tiempo-espacio, que lo vamos cerrando.

El principal motivo que tenemos para cerrar el corazón es el miedo. Miedo a que nos lastimen, miedo a que nos abandonen, miedo a que nos rechacen, entre muchos otros. No nacemos con miedo. Nacemos con un corazón abierto dispuesto a dar y recibir el amor. Es a través de las circunstancias de nuestra vida, a través de aquellas veces en las que nos sentimos lastimados, que nuestro corazón se va maltratando, llenándose de heridas y cicatrices y cerrándose. Normalmente, para cuando llegamos a la edad adulta ya tenemos el corazón bastante cerrado y ya aprendimos a relacionarnos desde la cabeza o quizá sí desde el corazón, pero el flujo de energía que compartimos es muy escaso.

En una canalización el arcángel Uriel remarcó la necesidad de abrir nuevamente el corazón para encontrar la felicidad:

*«ABRIR EL CORAZÓN: imposible sentir felicidad con un corazón endurecido, así que si quieres ser feliz, ¡ÁBRELO! Al principio puede resultar doloroso, pero pasará, y créeme que el gozo que sentirás al tener el corazón abierto será más grande que todo tu dolor y tus malos recuerdos».*

Volver a abrir el corazón no es un proceso fácil; la mayoría de las veces es un paso doloroso, porque implica abrir la caja fuerte en donde lo metimos, requiere sacarlo de ahí y dejar al descubierto nuestras heridas, volverlas a ver y volverlas a sentir, pero debes saber que en esta ocasión no es para quedarte con ellas, ni para volverlas a guardar, sino para que puedan ser sanadas. Abrir el corazón se lleva su tiempo; es un proceso que tenemos que hacer despacio, honrando nuestra historia, nuestras cicatrices, nuestro dolor.

A pesar de lo complejo del proceso vale la pena intentarlo. Una vez que logramos abrirlo, una vez que aprendemos a sostener esta apertura nos damos cuenta de que la vida no tiene sentido con un corazón cerrado, nos damos cuenta de que es justo este flujo de amor que entra y sale de nuestros corazones lo que hace que vivir sea increíble.

*Hace unos años me encontré un cuaderno de mi adolescencia en donde escribí que me había convertido en una estatua; decía que mi corazón era de hielo y que se me había olvidado cómo amar. Cuando releí esto, siendo ya adulta, me sorprendí y me cuestioné «¿en qué momento cerré mi corazón de esa manera?, ¿en qué momento dejé de ser la niña dulce y amorosa y me convertí en la adolescente/adulta insensible?».*

*Mi proceso de abrir el corazón ha sido muy largo, pero ha valido la pena. Creo que los primeros que llegaron a romper el hielo fueron mis hijos. Recuerdo haber visto los ojos de mi hija por primera vez mirándome fijamente y haber sentido una fuerte punzada en el pecho.*

*Mi vida espiritual, mis ángeles, mis hijos, mi trabajo personal y mi voluntad, han hecho que hoy vuelva a vivir con el corazón totalmente abierto, sintiéndome constantemente enamorada de Dios, de la vida, de mí misma y de todas y cada una de las bendiciones de mi entorno.*

*Han sucedido cosas en mi vida que me han exigido abrir aún más el corazón, como la enfermedad de mi madre o irme de misionera a la sierra de Hidalgo. Hoy puedo decir que cada momento de dolor para abrir el corazón valió la pena y que por ningún motivo volvería a cerrarlo.*

Aprender a vivir con el corazón abierto implica arriesgarte. ¿Te pueden lastimar? Sí, pero también te pueden amar; implica ser fuerte, ser valiente, saber quién eres, ser consciente, aprender a amarse y a sostenerse a uno mismo. Implica dejar a un lado las expectativas, aprender a poner límites sanos en las relaciones, ser profundamente compasivo, aprender a ver al otro con los ojos de ángel, es decir, ver al otro desde su historia, desde sus heridas, desde sus propias limitaciones. Entender que nada de lo que el otro haga tiene poder sobre mí; su historia, su manera de actuar, de reaccionar, de estar en la vida es del otro, sabiendo que no hay forma de que el otro me haga feliz o me arruine la vida. Yo elijo hasta dónde, yo elijo el cómo.

Vivir con el corazón abierto es amar, amarlo todo, amar el viento, el árbol, el pájaro, la tierra; amar al otro y amarme a mí mismo. Es ser capaces de encontrar a Dios en cada persona, en cada lugar, en cada átomo del universo. Es vivir en el eterno enamoramiento, no con una persona en particular, sino con la vida y, si con la vida vienen historias de amor, estas serán bienvenidas.

Vivir con el corazón abierto es darnos cuenta de que el amor ya existe en nosotros. No es algo que viene de fuera y que nos es entregado. Es este diamante en bruto que ya existe, que está cubierto de todo el lodo que provocaron nuestras heridas, pero que al irlo puliendo va reflejando la luz de nuestra más pura esencia: la luz del **amor incondicional**.

---

### EJERCICIO N.º 16: AMASAR MI CORAZÓN

---

Para este ejercicio necesitarás plastilina de diferentes colores. Busca un lugar en el que puedas estar tranquilo y en paz.

1.  Cierra tus ojos y haz una respiración profunda. Inhala y exhala. Céntrate en tu corazón y cada vez que inhales trata de ir más profundo en tu corazón. Cada vez que exhales sostén la intención de abrirlo. Inhala, ve profundo. Exhala, abre el corazón.

2.  En tu mente observa a tu corazón... ¿Cómo se ve? ¿Se ve sano y completo o se ve lastimado? ¿De qué color es? ¿Qué características tiene? ¿Es grande o pequeño, está expandido o contraído; su superficie se ve lisa o está agrietado por las cicatrices de tus heridas? ¿Tu corazón tiene hoyos? ¿A qué vacíos o carencias se refieren esos hoyos?

3.  Ahora date permiso de sentir a tu corazón. ¿Cómo se siente? ¿Qué sentimientos guardas en él? ¿Cuáles son los que predominan? ¿De

los sentimientos que existen ahí, cuáles te resultan fáciles de sentir, cuáles te cuestan trabajo?

4. Abre tus ojos y toma un pedazo de plastilina que represente a tu corazón. Empieza a amasarlo y siéntelo. ¿Cómo se siente tener a «tu corazón» entre tus manos? Suaviza la plastilina, como si suavizaras tu corazón. Dale una forma que lo represente.

5. Toma otros colores para representar todo lo que viste en tu corazón: tus heridas, tu dolor, tus carencias, tus alegrías, el amor, los sentimientos que ahí existen. Tómate tu tiempo, sé honesto contigo.

6. Ahora observa a tu corazón y checa tu sensación interna. ¿Te sientes a gusto con la forma en la que está tu corazón? ¿Qué necesitas? A lo mejor necesitas más alegría, más amor, más amistad. Quizá más cariño o sanar heridas del pasado. Posiblemente necesitas quitar candados de tu corazón y expandirlo. Abrirte más. ¿Qué necesita tu corazón?

7. Tómate un tiempo para plasmar estos cambios que tu corazón necesita en tu figura de plastilina. ¿Cómo los representas? Mientras los plasmas en la plastilina, visualiza en tu mente cómo se reflejarían estos cambios en tu vida. ¿Qué implicaría? ¿Cómo sería tener más amigos, más amor, más compasión, más alegría? ¿Cómo sería abrirte más, compartir más, expandir tu corazón?

8. Cierra los ojos, observa y siente cómo está tu corazón después de haber manifestado con la plastilina los cambios que quieres hacer.

## Somos seres en relación

Uno de los aspectos más importantes de la abundancia son nuestras relaciones con los demás. Somos seres sociales por naturaleza, necesitamos de los demás para sobrevivir; de la misma forma también necesitamos amar y sentirnos amados por otros.

Todas las personas con las que interactuamos en la vida conforman nuestro círculo de relaciones; algunas están más cerca, otros más lejos, algunos se quedan toda la vida, otros solamente un momento. Algunos son muy importantes, otros no tanto. Con algunos sostenemos relaciones profundas y significativas, nos vinculamos desde el corazón. Con otros tenemos otro tipo de relaciones, quizá de trabajo, de amistad, intelectuales, etcétera, y los vínculos que se construyen vienen desde otros chakras, es decir, no necesariamente desde el chakra del corazón.

Todos tenemos relaciones interpersonales y, aunque algunos seamos más sociables que otros o se nos facilite más que a otros, todos requerimos de esta interacción con otros.

La abundancia no está en el número de relaciones que se tengan, sino en la calidad de las mismas. Los ángeles nos muestran que la plenitud se logra a través de abrir el corazón y de ser lo suficientemente valientes para vincularse con las personas significativas desde el amor incondicional, la autenticidad y la honestidad, sin máscaras y sin miedo.

La abundancia estriba en tener relaciones de intimidad con otros, entendiendo por intimidad «vínculos estrechos, de gran confianza, en los que la persona se siente aceptado y amado». No todas las relaciones serán intimas, sin duda, habrá relaciones que por su misma naturaleza se lleven en un nivel más superficial.

*Octavio tuvo una niñez hostil, con padres ausentes quienes estuvieron poco y cuando estuvieron fueron fríos, distantes y exigentes. Octavio no tuvo una relación de intimidad con sus padres, no aprendió a sostener relaciones significativas. Ahora, en su edad adulta, le está*

*costando mucho trabajo entablar relaciones de profundidad. Se da*
*cuenta de que su vida es muy solitaria y en ocasiones triste, se siente*
*vacío.*

*Junto con los ángeles, en su proceso de terapia, estamos trabajando*
*con su corazón, sanando sus heridas y ayudándolo a abrirse poco a poco*
*a la posibilidad de una relación.*

## Somos maestros, somos alumnos

Las relaciones con otras personas son nuestra principal fuente de
crecimiento. Estar en relación con otra persona nos da la oportunidad de explorarnos, conocernos, proyectarnos y reconocernos. La
forma en la que actúo con relación al otro, la forma como reacciono,
la manera como me relaciono, me comunico, lo que me lastima, lo
que me duele, lo que me gusta y lo que no soporto del otro… todo
habla de mí mismo; me habla de quién soy, de lo que existe dentro
de mí, de mis valores, mis sentimientos, mis sueños y mis anhelos.
Cuando yo soy capaz de verme, de observarme en relación, de ver
mis aciertos y mis áreas de oportunidad, cuando soy capaz de dejar
de juzgar al que está enfrente y preguntarme *¿qué me pasa a mí con*
*lo que el otro hace?*, entonces soy capaz de crecer.

En todas nuestras relaciones —hayan sido buenas, malas, fun-
cionales o disfuncionales—, cada una de estas personas nos ha traí-
do un aprendizaje, ya sea que hayamos visto una parte positiva de
nosotros en la relación como por ejemplo nuestra capacidad de
amar o nuestra entrega o también pudiera ser que viéramos algún
área en la que pudiéramos trabajar para crecer como persona, por
ejemplo, la impaciencia, la intolerancia o el miedo.

A veces el aprendizaje que nos deja la relación no necesariamente surge para que ésta funcione. A veces tenemos que aprender
a amarnos a nosotros mismos, a ser fuertes, a valorarnos o a desa-

rrollar ciertos aspectos para poder salirnos de relaciones que pudieran ser disfuncionales o que pudieran hacernos daño. Hay miles de formas en las que podemos aprender en una relación. El otro se vuelve maestro de mil maneras diferentes, de la misma manera en la que nosotros somos maestros para otros, de mil maneras distintas.

Cuando entendemos esta premisa, cuando nos damos cuenta de que todo sucedió de acuerdo al plan divino que mi alma creó antes de venir a esta tierra para mi crecimiento y mi más alto bienestar, entonces no tiene sentido guardar rencor y es fácil soltar y perdonar a otros. Cuando me percato de que todo esto que sucede tiene un *para qué*, dejo de guardar resentimientos y no importa lo que haya sucedido, porque agradezco el aprendizaje obtenido.

Venimos en grupos de almas, donde todos somos maestros y alumnos, con acuerdos previamente estipulados de la forma en la que nos vamos a ayudar unos a otros a crecer y a aprender nuestras lecciones; aunque, a veces, para que esto suceda, pasemos por momentos de dolor.

*A veces, cuando los ángeles quieren que aprenda una lección, me mandan la información en paquete; esto quiere decir que me ponen todo enfrente para que entienda la lección que me están enviando.*

*Así sucedió hace poco con este tema; en un lapso de no más de tres semanas me pusieron a la persona, al maestro, una clase de contratos, una plática con amigos, un libro y una conferencia contenida en una ventana que prácticamente se me abrió sola en internet. La cereza de este gran pastel la puso una meditación hermosa donde todo terminó de tomar forma. Los temas eran justamente los contratos de vida y nuestra misión última. En esta meditación yo estaba parada en un claro del bosque y observaba cómo venían hacia mí diferentes personas con las que he interactuado a lo largo de mi vida; cada uno de ellos traía un regalo en sus manos. Cada uno se acercó, me hizo una reverencia y me entregó el regalo. Los regalos eran piezas de un rompecabezas y en cada una estaba escrito lo que aprendí en esa relación en* particular con la persona, la característica o virtud que tuve que desarrollar al estar en esa relación y/o lo que crecí estando ahí. A cada una de las personas les agradecía el regalo y al hacerlo parecía que sentimientos como la ira, el rencor y la falta de perdón simplemente se esfumaban.

Al final, al armar el rompecabezas con todas estas piezas que hablaban de mis aprendizajes, de mis fortalezas, de mis virtudes y mis cualidades, se formó un rostro que era el mío. Entendí que YO SOY todo lo que he vivido, todo lo que he aprendido, todo lo que he compartido. Ese rostro es un rostro hermoso que ha sufrido, ha llorado, se ha enojado, ha reaccionado, ha tenido miedo en sus relaciones; es un rostro humano que ha amado, también ha crecido y ha sido valiente, se ha valorado, se ha edificado y se ha nutrido a sí mismo.

En esta meditación los ángeles me mostraron que esta es nuestra misión última: «aprender a vernos a nosotros mismos, a valorarnos y a amarnos de la forma en la que Dios nos ama, incondicional, ilimitada y eternamente».

## *Somos maestros unos de otros*

*Queridos míos:*

*Tienen que saber y ser conscientes de que lo que ustedes definen como «vida» es solo una pequeña parte de su existencia.*

*Tú has venido a esta tierra a continuar tu evolución, a seguir creciendo en espíritu y para ello has tomado una forma humana. Para lograr este proceso evolutivo has hecho diferentes contratos con diferentes almas que han regresado al igual que tú en el mismo tiempo/espacio. Estas almas son tu familia espiritual. Son, en tus términos terrenales, personas con las que compartes tu vida, con las que te cruzas una y otra vez o personas que estuvieron un solo momento en tu vida pero dejaron una gran huella; personas a las que amas y/o personas que aparen-*

*temente te hicieron daño, pero de quien recibiste las más grandes lecciones de amor.*

*De cada una de estas personas con las que te has cruzado, has aprendido algo importante sobre ti mismo, tus capacidades, tus valores, tus habilidades, tus talentos, tus virtudes y tus dones. En fin, son situaciones o personas que han hecho que saques lo mejor de ti mismo, que te han hecho entender las cosas de manera diferente, cambiar las perspectivas o ir más allá. Estas personas son tus MAESTROS en este plano terrenal, de la misma manera en la que tú eres MAESTRO DE OTROS y, a través de tus acciones («buenas o malas»), has ayudado a otros a crecer.*

*Entender todo esto desde la mente humana es difícil; para hacerlo necesitas ir más allá, contactar con tu SER SUPERIOR, esa parte tuya donde reside tu alma y tu esencia más profunda. Ir un paso más arriba en la perspectiva y ver toda la situación con los ojos del espíritu, de esta forma te darás cuenta de que todos y cada uno de estos maestros te han dado un gran regalo, que sus acciones y las consecuencias de cada una de ellas iban cargadas de bendiciones, aunque en un principio no lo pudieras ver así.*

*Hoy, intenta ir más allá en tu perspectiva humana, intenta cerrar tus ojos, observar en tu mente a esa persona que te hizo daño, a ESE MAESTRO, y reconocer ante él aquello que tuviste que desarrollar en ti para poder seguir adelante. Agradécele haber sido tu maestro y desde tu corazón mándale un rayo de luz. Haz este ejercicio con todas aquellas personas que han sido significativas en tu vida. Reconociendo que al final todos somos almas que venimos de la misma Fuente para seguir evolucionando. Solo estamos aquí de paso, para ayudarnos a crecer unos a otros.*

*En la medida en la que aprendas estos conceptos, estarás más cerca de lo que nosotros llamamos amor incondicional, que al final no es otra cosa que la materia infinita de LA FUENTE y de cada uno de los seres de luz que la conformamos, y sí... eso los incluye también a ustedes SERES HERMOSOS DE LUZ VIVIENDO UNA EXPERIENCIA HUMANA.*

*Los amamos y los acompañamos siempre*
*en el amor incondicional infinito.*
*Arcángel Zadkiel*

## Aprender la lección

Estamos aquí para aprender lecciones y, el universo, Dios y los ángeles están dispuestos a ayudarnos en el proceso; de tal manera que estarán dispuestos a repetir la lección una y otra vez, las veces que sean necesarias hasta que las hayamos aprendido.

Es por eso que hay situaciones o patrones que repetimos una y otra vez. Pueden cambiar los protagonistas de la historia, pero las circunstancias al parecer siguen siendo las mismas. *¿Hasta cuándo?* Hasta que hayamos aprendido la lección.

*Lupita llegó a mi consultorio porque acababa de terminar una relación y sentía que necesitaba ayuda para apegarse a su decisión de no continuar en una situación que ya estaba resultando enfermiza. Su ex pareja era un hombre que no hacía nada en el plano laboral, no aportaba nada para la manutención de la casa, de hecho, vivían en el departamento de ella. La trataba mal y abusaba de ella verbal y psicológicamente.*

*Lupita había tratado de terminar la relación en muchas ocasiones, sin haber tenido éxito, pero esta vez estaba decidida a lograrlo. Al revisar su historia nos dimos cuenta de que ella repetía este patrón desde niña. Era ella quien se esmeraba de sobremanera para que los demás no hicieran nada, para que se sintieran cómodos en su presencia; era ella quien creía (de manera inconsciente) que la forma en la que se ganaría el cariño de los demás era atendiéndolos y haciendo todo por ellos. De esta forma ella atraía personas que estaban dispuestas a abusar fomentando y permitiendo el abuso. Nos dimos cuenta de que esto fue algo aprendido en la infancia y esta era la forma de relacionarse con su papá. Al darse cuenta de este patrón y llevarlo a un plano consciente, Lupita pudo cambiar su sistema de creencias y trabajamos en su autoestima y en su valoración personal.*

*El aprendizaje que tuvo fue muy profundo: aprendió que el simple hecho de existir ya la hace merecedora de recibir el amor de los que la rodean. QUE NO NECESITA HACER NADA PARA GANARSE EL AMOR DE OTRAS PERSONAS, pero, sobre todo, aprendió a amarse a sí misma, a respetarse y a no volver a permitir que otras personas abusen de ella. Una vez que entendió y aprendió la lección, dejó de atraer a este tipo de personas abusivas en su vida.*

## Codependencia vs interdependencia

Aprendimos a relacionarnos desde la codependencia; por alguna razón, gracias a nuestro sistema social de creencias, aprendemos que somos seres incompletos que debemos buscar «a la media naranja». Vamos por la vida buscando *quién nos complemente, quién va a llenar los espacios vacíos de nuestra vida y nuestro corazón.*

Es como si nos visualizáramos como dos medios círculos que buscan su complemento para formar un entero:

Lo que termina sucediendo es que atraemos a personas que se sienten igual de incompletas y que buscan complementarse. No somos conscientes de que el otro no tiene este poder de hacernos feliz, sanarnos, completarnos, etcétera. Al final, nos sentimos dolidos y traicionados por que el otro «no nos dio lo que necesitábamos».

Lo que no alcanzamos a entender es que el otro es un ser humano igual que nosotros, con sus propias creencias erróneas, sus limitaciones, sus heridas y situaciones sin resolver. La mayoría de las veces no nos da lo que necesitamos o queremos, no porque no quiera hacerlo, sino porque simplemente no puede hacerlo.

Es como si nuestro corazón fuera un recipiente que estamos esperando que otro llene con su amor, sin darnos cuenta de que el otro no lo puede llenar porque su propio recipiente también está vacío. El otro está de la misma manera esperando que nosotros llenemos su corazón.

Es en este proceso de creer que el otro tiene la obligación de darnos, podemos terminar exigiendo, manipulando, anhelando y sufriendo. Tomamos papeles de víctimas, de victimarios y a veces de rescatadores y entramos en un círculo vicioso que termina por dañar la relación.

En la codependencia estoy esperando que el otro sea quien llene mi corazón de luz, de amor y me enojo y reacciono cuando no lo hace. El otro espera lo mismo de mí.

Los ángeles me han enseñado una forma de relación mucho más sana: la interdependencia, que empieza por la concepción que tenemos de nosotros mismos; dejamos de vernos como seres incompletos y comenzamos a visualizarnos como **seres completos**. Dentro de nosotros existe la **totalidad** y tenemos la capacidad y la obligación de hacernos felices, llenarnos de amor y sanarnos a nosotros mismos. Los ángeles me han enseñado la importancia de desarrollar nuestras potencialidades y hacernos responsables de nuestros procesos.

Este nuevo modelo de relación se basa en la premisa de dos seres que se conciben a sí mismos como completos, que buscan su felicidad de manera individual y que se aman a sí mismos, para posteriormente compartir este amor y esta felicidad con el otro. Dejo de esperar que el otro me haga feliz, me hago responsable de mi proceso y lleno mi corazón de amor propio.

Al final, en lugar de relacionarme desde la carencia, buscando que alguien me dé lo que me falta, termino relacionándome desde la abundancia, compartiendo todo lo que soy.

La relación se convierte en dos círculos completos que se intersectan y se comparten en algún punto:

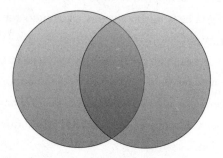

Cuando llegan a mi consultorio personas que acaban de terminar una relación de pareja en la que sintieron que no recibían lo que merecían, que no se sentían amados o atendidos, el mensaje de los ángeles es casi siempre el mismo: «conviértete en tu propio novio(a)». Empieza por hacer por ti todo lo que quisieras que otro hiciera; piensa en cómo te gustaría ser tratado en una relación y empieza a tratarte a ti mismo de esa forma. Procúrate, obsérvate, ámate, respétate, consiéntete, apapáchate, en fin, date a ti mismo todo lo que te gustaría que tu pareja te diera. De esta forma vas a empezar a llenar ese recipiente, que es tu corazón, de cosas positivas, de amor y de luz.

Cuando ese recipiente lo tenemos vacío, sentimos un gran anhelo y una gran necesidad de llenarlo, a veces desde esta necesidad nos conformamos con personas o situaciones que nos resultan tóxicas. Cuando nosotros somos capaces de llenar nuestro propio recipiente con situaciones nutritivas, esta necesidad baja y nos volvemos más selectivos con las personas que queremos que entren a nuestra vida, buscamos y atraemos personas que, al igual que nosotros, tengan un corazón lleno para compartir.

## Relación de pareja

De igual forma se nos hizo creer que en la relación de pareja somos dos seres que se convierten en uno. Esta premisa da lugar a muchas malas interpretaciones. Es común ver cómo en un matrimonio uno de los dos se somete a la vida del otro o pasa a formar parte del círculo del otro, como si fuera de su propiedad.

Es importante, al convertirnos en pareja, no perdernos a nosotros mismos. Es muy común ver a hombres o mujeres, que por complacer a sus parejas o llenar las expectativas de otros, terminan por perderse a sí mismos. Lo que hacen es fundirse en el otro, de alguna manera negarse, anularse a sí mismos, para caber perfectamente en el mundo del otro y convertirse una extensión de lo que el otro es:

Una vez más, los ángeles nos muestran, desde este nuevo sistema de relación, la importancia de mantener la individualidad en la pareja, de no perdernos en la relación, de ser fieles a nosotros mismos antes que cualquier otra cosa. Somos dos individuos que razonan, deciden, crean, crecen, piensan y aman diferente, que tienen sueños, anhelos y pasiones propias formando una pareja. Ser pareja no quiere decir que se tiene que pensar igual, ni sentir igual, ni tener los mismos sueños.

¿Qué significaría, entonces, ser pareja?

Dos mundos que se comparten, que no se absorben ni se anulan. Dos seres que van al mundo y se nutren del mismo para luego compartir este alimento con su pareja. Dos individuos que caminan de la mano, buscando su propia felicidad y facilitando las circunstancias para que el otro sea feliz. Dos personas que se acompañan en la búsqueda y el desarrollo personal; que construyen bases sólidas para poder crecer juntos, que se comunican y llegan a acuerdos que benefician a ambos, que son capaces de vincularse desde el amor y expresarlo. Que pueden ver la divinidad en los ojos de su pareja.

Facilitar es generar las circunstancias para que el desarrollo del otro se dé. No quiere decir forzar, ni direccionar, quiere decir simplemente *otorgar* parte de mi tiempo, de mis recursos y de mi espacio en pro del otro, sin por eso mermar mi propio desarrollo. Para lograr esto es necesario compartir las responsabilidades de la pareja, por ejemplo, el cuidado y la crianza de los hijos, la manutención del hogar, de tal manera que la relación *per se* provea la estructura necesaria para que ambos individuos crezcan.

Facilitar no es forzar, ni empujar. Un aspecto básico en la relación de pareja es el respeto. Honrar y respetar los procesos de la persona que camina junto a mí, honrar sus decisiones, aun cuando no sean las que yo hubiera tomado. Acompañarlo en su caminar de manera incondicional. Respetar sus procesos y su crecimiento.

*Érika es maratonista y a Francisco, su marido, le gusta bucear. Al principio, estas dos pasiones se contraponían, caían en una eterna lucha de poder por darle importancia a alguna de estas pasiones. Finalmente entendieron que para ambos su pasión es muy importante y acordaron que destinarían parte de los ingresos de los dos a un fondo común de ahorro que les serviría para pagar sus pasiones. Acordaron turnarse una maratón, por un viaje de buceo. Mientras uno desarrolla su pasión, el otro se queda en casa cuidando a los niños. Han encontrado que al regreso de sus respectivos viajes resulta hermoso compartir con el otro las fotografías, las anécdotas y todos los pormenores del viaje.*

Aquí el problema es cuando uno de los dos no desarrolla su parte, porque siempre va a ver con recelo lo que está haciendo el otro y posiblemente trate de obstaculizar su crecimiento. Es obligación de cada individuo convertirse en la mejor versión de sí mismo, para sí mismo y para su entorno. Esto incluye su relación de pareja.

Entonces, concluyendo, una pareja está formada por dos individuos responsables de fomentar su propia felicidad y crecimiento para compartirse con el otro; por dos individuos que buscan un bienestar personal, porque saben que al hacerlo estarán generando la materia prima que aportarán a la relación. A partir de esto generarán un bienestar común.

## Amor, fidelidad y compromiso

El **amor** es el ingrediente principal en la relación de pareja. Si no existe el amor, si la pareja no se vincula desde el corazón, entonces no se puede llamar pareja. Cuando una pareja se ama, encontrará la forma de seguir adelante, pase lo que pase. Por eso es importante anteponer el amor a cualquier circunstancia. En el amor recae la solidez de la pareja.

El amor se tiene que construir día con día, no es algo que simplemente se da y ya. Se debe de cultivar con pequeñas y grandes acciones, con pasar tiempo juntos, con detalles que expresen ese sentimiento.

Una vez más el amor no es algo que se va a tomar del otro, el amor ya existe dentro de cada uno de nosotros y nos corresponde abrir el corazón y compartirlo. El vínculo se construye a partir de compartir el amor.

La fidelidad no es algo que se promete y se cumple, la fidelidad es una elección que se da a partir del amor: *te amo tanto que no deseo estar con nadie más.* El compromiso es la expresión de esta elección. Los elementos esenciales para que una pareja funcione son la fidelidad y el compromiso, no los que se prometen para toda la vida, los que se dan por sentado y no se vuelven a «revisar», sino aquellos que se renuevan día con día. *Estoy aquí porque así lo sigo deseando y sigo construyendo. Y si estoy aquí, desde mi deseo, no tengo razón para querer estar en otro lugar.*

Uno de los errores más comunes que se cometen en los matrimonios es dar por sentada la relación, creer que un matrimonio es la fotografía de la pareja en la boda que se encuentra enmarcada sobre el buró.

En el trajín de lo cotidiano se nos olvida seguir construyendo, se nos olvida sembrar, cultivar y cosechar, nos volvemos autómatas en la relación, sin darnos cuenta de que el tedio, la cotidianidad y la monotonía son las principales enemigas de una relación.

Imagínate una semilla que siembras para que se convierta en un árbol. Primero va a ser un retoño, posteriormente seguirá creciendo hasta ser un arbolito con su tronco delgado y frágil y pasarán años para que se convierta en un árbol sólido. Para llegar a esto, el árbol necesita ser regado y podado mil veces, también se requiere que se le ponga abono a la tierra para hacerla fértil. De la misma manera sucede con una relación, hay que darle tiempo y atención, nutrirla para que crezca y florezca.

## El amor de pareja

*Queridos míos:*

*Han trabajado mucho en ustedes, al pasar el tiempo han aprendido sobre ustedes mismos, se han conocido y se han valorado internamente. Se han descubierto merecedores y dignos de ser amados.*

*El amor ya está aquí, entre todos ustedes y solamente tienen que abrir los brazos para recibirlo, siempre en la conciencia de que el amor de pareja no es nada si no son capaces de ver a la Divinidad en los ojos de su compañero.*

*El amor de pareja es un gran maestro que te muestra momento a momento quién eres, de qué estás hecho y cuáles son las partes inacabadas en ti que aún necesitas trabajar.*

*Es importante que no olvides los siguientes aspectos:*

* *Siempre recuerda y ama por sobre todas las cosas a la persona que tú eres.*
* *Recuerda que tu felicidad la construyes tú y después la compartes con el otro (no busques que el otro te haga feliz, ni busques tú hacer feliz al otro).*
* *Compartir, compartir, compartir es la esencia sublime del amor... Compartirlo todo: lo bueno, lo malo, las alegrías, las tristezas, los triunfos.*
* *Comunicarse desde el amor, bajar la energía del chakra de la garganta al ckakra del corazón y permitir que todas y cada una de tus palabras estén impregnadas de amor.*

- *Generar bases sólidas como pareja. Planear juntos a futuro, soñar juntos; darse permiso de que sus raíces se enganchen unas con otras.*
- *Disfrutarse el uno al otro, gozarse, saborearse, pasar tiempo juntos para explorarse y reconocerse. Reconocer a Dios también presente en su sexualidad.*
- *Divertirse, no tomarse la vida tan en serio; la vida es una, celébrenla juntos.*
- *Respetarse el uno al otro, sentirse únicos e irrepetibles, reconocerse hijos de Dios, perfectos en sus imperfecciones.*
- *Sobre todo amarse, abrir el chakra del corazón y permitir que el flujo de la energía del amor sea lo que los vincule.*

*Los amamos y respetamos siempre y los acompañamos también en esta faceta de su vida.*

*Con todo nuestro amor, nuestro reconocimiento y admiración.*

*Arcángel Chamuel*

## Hijos

Los hijos son nuestros más grandes maestros, vienen a enseñarnos el significado profundo del amor incondicional y a mostrarnos un esbozo de la forma en la que el Padre nos ama.

Nos elegimos como familia antes de venir, es decir, elegimos a nuestros hijos y ellos nos eligen como padres para venir a aprender nuestras lecciones en grupo. Los hijos son los principales maestros, son el reflejo fiel de nuestros talentos y de nuestras áreas de oportunidad. En ellos también encontraremos los extremos: el más grande amor y también quizá las grandes decepciones. Ellos nos llevarán a los extremos y nos enseñarán todo lo que somos capaces de hacer por amor. Son los hijos quienes se convierten en el motor de nuestras vidas cuando es necesario, quienes nos obligan muchas veces a voltear los ojos al cielo y pedir ayuda y también quienes destaparán en nuestra boca las más tiernas sonrisas.

De los hijos y por ellos, aprenderemos el amor, el consuelo, la paciencia, la compasión, la frustración, el enojo, la alegría, la ternura, la disciplina... pero lo más importante, de los hijos aprenderemos a ser como Dios. Y es que una paternidad/maternidad bien llevada exige ser como Dios: amar más allá de los límites, perdonar, acompañar sin controlar, respetar y honrar, aunque sepamos que la decisión que están tomando no sea la mejor; estar ahí para verlos caer y acompañarlos a levantarse, en la conciencia de que a través de cada caída están aprendiendo sus propias lecciones.

Uno de los aspectos a los que debemos poner atención para llevar una paternidad plena es saber poner límites sanos a nuestros hijos. Hace muchos años, un maestro de desarrollo humano que tuve me lo explicó de una manera muy clara: Imagina que tienes una canica sobre una tablita de manera. Si en esa tablita no hay límites (bordes), la canica tarde o temprano se va a caer; lo mismo sucede con los hijos, los límites les van a otorgar la seguridad necesaria para tener una movilidad cómoda, sabiendo que no se van a perder o a caer.

También es importante que nuestros hijos se sientan profundamente amados, que sepan que nuestro amor hacia ellos es incondicional, es decir, no importa cómo se porten o qué es lo que hagan; porque aun cuando los reprendamos o regañemos, siempre lo haremos desde el corazón, es decir, los seguimos amando.

## Familia

Al igual que a los hijos, elegimos a la familia antes de venir a esta tierra; en ocasiones hay familiares con los que no nos llevamos o no logramos congeniar, a veces se ocasionan grandes conflictos en las familias, justo porque existen miembros que quizá no pueden ni siquiera intercambiar el saludo. Tenemos que entender, que inclusive en las familias, las relaciones surgen a partir de los contratos que firmamos, aunque a veces podemos tener parientes tan incómodos que llegamos a decir *¡no existe forma de que yo haya firmado ese contrato!*

Cabe recordar que cuando elegimos a las almas con las que vamos a compartir nuestra vida, lo hacemos desde la conciencia de crecer, entonces seguramente vamos a seleccionar situaciones que nos confronten, que nos conflictúen, que nos hagan cuestionarnos, que nos saquen de nuestra zona de confort y, por ende, nos hagan crecer.

Entonces siempre que te encuentres frente a un familiar «incómodo» o con quien no congenias del todo, pregúntate a ti mismo *¿qué me pasa con esta persona?* ¿Qué aspectos de mi personalidad, que quizá no estoy queriendo ver, se destapan cuando está esta persona enfrente? ¿Qué virtud puedo desarrollar a partir de esta situación? ¿Cómo es que mi familiar se convierte en maestro?

Cuando somos capaces de ver la maestría en cada persona, inmediatamente cambiamos la forma en la que nos relacionamos con los demás, dejamos de engancharnos en aspectos negativos y empezamos a vibrar más alto.

*Siempre he dicho que mi hermana mayor es mi más grande maestra. Es mi maestra de amor incondicional y de compasión. Tuvimos una relación aceptable hasta el año 2001 en la cual ella desarrolló una situación de vida con la que yo (y el resto de la familia) no concordábamos. Los primeros años de esta situación fueron muy difíciles y yo tomé, desde la inconsciencia, papeles que no me correspondían: juzgué, ataqué, traté de arreglar su vida de acuerdo a lo que yo creía que estaba bien, la res-*

cataba constantemente, a ella y a mi madre, quien, por ir tras ella, terminaba siendo víctima de las circunstancias.

Tardé varios años y varias sesiones de terapia en darme cuenta de lo equivocada que estaba y que no me correspondía a mí «arreglar» la vida de mi hermana y por fin la solté; al principio desde el enojo, afirmando que no quería saber nada de ella, porque ella también me había atacado (por supuesto, si yo trataba de «arreglar» su vida ella se defendía).

En todos estos años fui aprendiendo muchas cosas: primero a respetar la vida y las decisiones de los demás, a no tomar lugares y responsabilidades que no me corresponden, a no meter la nariz donde no me llaman y a dejar de querer controlar mi entorno. Aprendí que yo no soy dueña de la verdad absoluta, que cada quien tiene un pedacito de verdad de acuerdo a su perspectiva de vida. Aprendí a soltar, a entender que hay situaciones en la vida en las que de verdad no puedes hacer nada, solamente aceptar que son como son, por muy dolorosas que resulten. Aprendí a verme a mí, a regresar mi energía hacia mí y a observar mis áreas de crecimiento (quizá si todo esto no hubiera sucedido yo nunca hubiera iniciado un camino de crecimiento personal y espiritual). Aprendí sobre las relaciones codependientes y cómo yo misma tenía una tendencia a rescatar a los demás, entre muchas otras cosas.

En el año 2013, cuando mi mamá se enfermó, pude ver a la niña herida en los ojos de mi hermana, pude ver a la niña asustada que estaba a punto de perder a su más grande soporte en la vida y por primera vez en muchos años sentí una genuina compasión hacia ella. Entendí que mucho de lo que hacía, lo hacía desde esta niña herida que lo único que buscaba era sentirse atendida y amada.

Unas noches, antes de la muerte de mi mamá, nos quedamos las tres hermanas en el hospital e hicimos un ritual para despedirla. Ese día por fin pude abrazar a mi hermana, por primera vez en muchos años, pude decirle que la amaba, y sí, era un «te amo» que salía desde el corazón, un «te amo» real y verdadero, un «te amo» incondicional, un «te amo» independiente de si estaba o no de acuerdo con su vida y sus circunstancias.

Hace unos meses tuve la oportunidad de visitarla en el lugar donde vive y decirle desde el fondo de mi corazón «perdóname si te hice daño, todas y cada una de mis acciones salieron desde un lugar en mi corazón que quería ayudarte, aunque no entendía que era la forma equivocada. Te perdono si me hiciste daño, hoy entiendo que tus acciones salieron desde un lugar de defensa. Te honro y te considero muy valiente por haber elegido un camino de vida tan difícil, te honro como mi maestra de vida, te agradezco cada una de las lecciones y te amo».

Yo no sé si esas palabras hicieron eco en su cabeza y en su corazón o no, pero a mí me dieron alivio, alivio en mi alma. Fue como decir «tú y yo ya estamos en paz».

## La familia, fuente de amor y de crecimiento

*Queridos hermanos:*

*Después de la relación con Dios y consigo mismo, la familia es la relación básica de crecimiento y fuente de amor que tiene el hombre. Por eso la importancia de lo que a continuación les digo.*

*Debes de tener en cuenta que, antes de venir a este plano, tú seleccionaste a la familia en la que ibas a nacer; tú escogiste a tus padres, a tus hermanos y a todos tus familiares directos.*

*Pues bien, sepan que todas y cada una de sus relaciones son parte de una red muy fina que compone su crecimiento. Cada una de sus relaciones, cada situación de amor, de felicidad, de encuentro, de desencuentro, de abandono, de abuso, de abundancia, de carencia, de cercanía o lejanía fue creada por su alma en pro de lograr un crecimiento aún mayor. Entonces, cada situación que se presenta en* el núcleo de la familia, por muy sencillo o complicado que parezca, es un escalón hacia arriba en la evolución de su alma.

Para que estas situaciones, que en ocasiones implican dolor, se conviertan en crecimiento, se requiere:

- Cambiar la perspectiva. Observar la situación desde una vista más elevada que te permita salirte de la escena y convertirte en observador externo.
- Ser consciente y honesto sobre el rol que jugaste o has estado jugando.
- Hacer un recuento de las habilidades, talentos, fortalezas o valores que has tenido que desarrollar para hacerle frente a la situación.
- Darte cuenta de lo que aprendiste a partir de esta situación.

Te darás cuenta de que al hacer esto sucederán muchas cosas: dejarás de pelear, ya que verás que tu victimario es tu gran maestro; será mucho más fácil perdonar y ver con compasión al otro y en algunas ocasiones, cuando entres en franco contacto con tu ser superior, podrás agradecer al otro haber puesto frente a ti todas estas situaciones que te llevaron a desarrollar ciertas aptitudes y a obtener el aprendizaje.

De esta manera, reconoce a tus padres, a tus hermanos y a tus familiares directos como tus compañeros de viaje, como tus grandes maestros, tu fuente de aprendizaje profundo, que te permiten avanzar cada vez más en tu espiritualidad. Recuerda que todo, incluyendo a tu familia, está en orden Divino y que siempre te estamos acompañando.

Te amamos y estamos contigo, hoy y siempre.

*Arcángel Raguel*

## Amigos

A los amigos los vamos eligiendo a lo largo de nuestra vida de acuerdo a nuestra propia vibración. Vamos atrayendo a personas que piensan, sienten, actúan de una forma similar a nosotros y con quienes nos sentimos afines. Los amigos también son fuente de crecimiento, aunque en muchas ocasiones también representan ese oasis de paz en donde podemos desahogarnos y recargar nuestras pilas.

Aunque a veces los amigos llegan a sentirse como familia, por su cercanía y la fortaleza del vínculo que se comparte, cabe mencionar que, a diferencia de las familias, los amigos no siempre se quedan para siempre en nuestras vidas. Los amigos pueden o no cambiar de acuerdo a tus circunstancias, al lugar de residencia, a la etapa de vida que estás viviendo, a tu crecimiento personal, etcétera. También existen amigos que se quedan para toda la vida, sin importar las circunstancias externas.

Es importante tener amigos; es importante saber que podemos contar con determinadas personas en determinados momentos; es importante tener a alguien con quien tener un rato de esparcimiento y de risas; es importante sentir la aceptación, la complicidad y la compañía, que solamente te puede dar un amigo. La amistad, sin duda, es parte de la abundancia.

---

### EJERCICIO N.º 17: MI CÍRCULO DE RELACIONES

---

Busca un lugar en el que puedas estar tranquilo y en paz; puedes poner música de fondo para meditar.

1.  Haz una respiración profunda y concéntrate en tu ritmo respiratorio, haciéndolo cada vez más lento y de manera más consciente.

2.  Vuelve a inhalar profundamente y esta vez centra la atención en el peso de tu cuerpo. Empieza por sentir cuán pesada es tu cabeza y la presión que ejerce sobre tu cuello, el peso de tus hombros, de tus brazos; hazte consciente de tu posición; en dónde recae el peso de cada una de las partes de tu cuerpo; sobre qué están haciendo presión. Con tu mente, haz un recorrido por todas las partes de cuerpo; si te es más fácil, imagina que tu cuerpo se va pintando de algún color.

3.  Sigue respirando despacio, profundamente y visualiza cómo empiezan a crecer raíces de tus pies... ¿Cómo son estas raíces? ¿Son frágiles o fuertes? ¿De qué color son? ¿Son delgadas o anchas? Al ritmo de tu respiración observa cómo crecen, atravesando el piso, la tierra... Sigue respirando y sigue viendo el crecimiento de tus raíces hasta llegar al centro de la Tierra.

4.  Nota cómo con cada respiración, jalas energía desde el centro de la Tierra y la llevas hasta tus pies; con cada inhalación permites que esta energía suba por tus piernas, tu cadera, tus glúteos, tu espalda, tu torso, tu cuello, tu cabeza. Todo tu cuerpo está conectado con la tierra, estás arraigado, eres uno con la Tierra.

5.  Centra tu atención en tu corazón, haz una respiración profunda y al exhalar pon tu corazón en este momento, en este espacio, en esta meditación.

6.  Sube la atención a tu coronilla, justo al centro de tu cabeza y desde ahí observa cómo te conectas con el cielo.

7.  Con tu imaginación vas a viajar a un claro en el bosque. Observa este lugar... ¿Cómo es el suelo que estás pisando? ¿Cómo es el entorno? ¿Cómo es el cielo?

8.  Observa que vienen muchas personas caminando hacia ti. Todas ellas conocidas, algunas muy queridas por ti, otras no tanto. TODAS ELLAS CONFORMAN TUS RELACIONES, tu pareja, tus hijos, tu familia, tus amigos, quizá tus compañeros de trabajo.

9.  Se empiezan a acomodar alrededor tuyo, formando un espiral. Te vas dando cuenta de que las personas que son más cercanas a ti son las que se acomodan en el centro de la espiral y de ahí van tomando su lugar. Observa qué lugar toma cada persona. Permíteles que se terminen de acomodar.

10. Ahora observa quiénes están en esta espiral de relaciones. ¿Estás de acuerdo con las personas que conforman tu espiral? ¿Existe alguien en tu espiral a quien no quieres que pertenezca? Quizá hay huecos vacíos, ¿quiénes te gustaría que ocuparan esos huecos?

11. Observa el orden en el que se acomodaron las personas. ¿Está bien para ti? ¿Quieres alejar a alguno de los que están cerca? ¿Quieres acercar a alguna persona que está lejos?

12. Vuelve a ver tu espiral de relaciones. Observa si todavía existe algún cambio que quieras hacer.

13. Agradece a todos estos seres que conforman tu espiral de relaciones y permíteles que se retiren.

14. Toma conciencia del lugar en el que estás. ¿Cómo es el suelo que estás pisando? ¿Cómo es el entorno? ¿Cómo es el cielo?

15. Respira... Regresa a tu cuerpo físico. Mueve tus manos y tus pies. Cuando estés listo, abre tus ojos.

## Soltar, dejar ir

Vivir el desapego no es fácil. Cuando queremos a alguien, cuando existe un vínculo con una persona que nos resulta significativa quisiéramos que se quedara para toda la vida a nuestro lado.

La realidad es que ninguno de nosotros es eterno en la vida de otros. Ya sea porque todos estamos, tarde o temprano, destinados a morir o simplemente porque hay personas que pasan por nuestras vidas por etapas o por momentos solamente, y no por esto son menos importantes que otras. Hay personas que pueden estar a nuestro lado toda nuestra vida y no generar ningún tipo de aportación, ni positiva ni negativa. Mientras que habrá personas que, en cuestión de horas o días, pueden poner nuestra vida de cabeza, cambiándonos totalmente la perspectiva de la misma y trayendo un crecimiento inmenso.

Nuestro círculo de relaciones no es estático, está en constante fluctuación. A veces se irán personas porque nuestras circunstancias o las de ellos cambiaron, a veces se van personas porque simplemente se acabó el tiempo que nos correspondía estar juntos, a veces habrá personas que pasan por nuestra vida solamente para dejarnos un aprendizaje y se van. Lo importante es saber soltar, no aferrarnos a quienes ya no corresponden a nuestra vida. No quedarnos tiempo extra en situaciones que nos hacen daño o en relaciones que resultan tóxicas. A veces es más grande el dolor que nos generamos al querer hacer que las cosas vuelvan a funcionar o que aquella persona me quiera como yo espero, que el dolor que se puede vivir en un duelo.

Soltar es entender que no somos eternos en la vida de nadie, *que todos vamos de paso* en la vida de otras personas y es aceptar que está bien continuar nuestra vida sin ellos.

Para poder soltar, primero, se requiere aceptar que nada es para siempre y que esta relación tampoco lo era. Es necesario vivir un duelo, dejarnos sentir las etapas que conforman dicho duelo: la negación, el dolor, el enojo, la aceptación y volver a la vida. Debemos permitirnos sentir las emociones que conforman cada una de las etapas, sabiendo que nada es permanente y que, dejarnos sentir, es la ÚNICA manera de atravesar el duelo y superarlo.

La mejor forma de soltar es a través de la aceptación de las cosas como son, sin perder de vista la esperanza. Muchas veces Dios necesita llevarse lo que ya no sirve para traer a nuestras vidas la abundancia plena.

*Durante muchos años pertenecí a un grupo de amigos al que quería muchísimo, los consideraba prácticamente mis hermanos. Muchas veces, las reuniones con ellos fueron mi refugio, mi diversión y mi oasis. Un buen día deje de vibrar con el grupo, no era que no los quisiera, ¡los quería muchísimo! No era que yo hubiera crecido y ahora fuera mejor que ellos. ¡No! Simplemente mis intereses y mi forma de relacionarme con las personas estaban cambiando. Me sentía como una pieza de rompecabezas que ya no encajaba ahí. Me sentía incomoda, sin embargo, seguía asistiendo a las reuniones siempre con las ganas de que, ahora sí, las cosas iban a ser diferentes.*

*Conforme pasaba el tiempo, la relación con ellos se volvió tirante y, sin querer, comenzamos a lastimarnos mutuamente. Me costó mucho trabajo salirme de ese grupo. Hoy, cuando lo veo a la distancia me doy cuenta de que ya no pertenecía y que, si le hubiera hecho caso a mi sensación interna desde un principio, me hubiera ahorrado muchos dolores de cabeza y malos entendidos. Quizá, si hubiera sabido retirarme a tiempo, las relaciones con algunas personas del grupo no se hubieran desgastado tanto. Finalmente lo solté y me dolió mucho.*

*Pensé que nunca más iba a tener un grupo de amigos como ese. Hoy, a años de distancia de ese incidente, me doy cuenta de que simplemente mis ángeles, Dios y la vida, me sacaron de donde ya no corres-*

*pondía para ponerme con personas con las que soy muy afín, con una vibración muy similar a la mía y que están dispuestas a construir relaciones auténticas desde el corazón.*

## Amar, amar, amar

Lo más importante cuando hablamos del chakra del corazón es permitirte amar. Recuerda que dentro de tu corazón el amor ya existe, no lo tienes que tomar de otro lado, solamente tienes que acceder a él. Imagínate que el amor es un diamante en bruto que está adentro de tu corazón cubierto por piedras y lodo, que en realidad son tus heridas y tus miedos. En la medida en la que te atrevas a ir quitando de tu corazón esas piedras y vayas sanando, el amor que contiene ese diamante brillará otra vez. La luz que saldrá de tu corazón será tan grande que tú mismo te sorprenderás. Esa luz es amor genuino.

Date permiso de amar a la vida, amarte a ti mismo, a tus semejantes; de amar el amanecer, al sol, al cielo, a la naturaleza; de amar tu respirar, tu trabajo, tu cuerpo, tu estar vivo. Ama a tu vida, ama cada minuto de tu existencia, ama el latir de tu corazón. Á-ma-te.

Siempre tenemos la opción de vibrar en miedo o en amor; esta es la eterna dualidad a la que constantemente nos enfrentamos. Elige siempre el amor. Siempre pregúntate: *de estas opciones que tengo frente a mí, ¿cuál me acerca más al amor?*

Date permiso de amar, de vivir con el corazón abierto en el gozo, en la confianza en la plenitud. Y cuando creas que ya abriste el corazón lo suficiente, respira y ábrelo todavía un poco más.

Los ángeles, con su inmensa misericordia y amor, me hicieron llegar un hermoso mensaje de nuestra Madre María para que pudiera yo compartirlo con todos ustedes.

## El gozo profundo del amor

*Queridos míos:*

*¡Mi alma se regocija cuando se acercan a mí! Sépanse profundamente amados y sostenidos por mí.*

*Veo con tristeza que muchos de ustedes viven en soledad, en miseria y en agonía; como madre siento pena y quisiera ayudarlos, pero sé que son ustedes mismos los que tienen que tomar la decisión de vivir de una mejor manera.*

*Son ustedes los que tienen que abrir su corazón y amar a sus semejantes, son ustedes los que tienen que dejar de buscar el valor de lo material y empezar a sopesar el único e inmenso valor del amor.*

*Yo y todos los seres de luz que me acompañan los amamos profundamente; el amor está aquí para todos ustedes, en el aire, en la atmósfera, en las plantas, en los animales y en cada ser vivo que se encuentra sobre la Tierra. El amor es el **don** más valioso que tienen y es el único vehículo que los sacará de la soledad, la miseria y la agonía en la que se encuentran.*

*La forma de acceder al amor es simplemente abriendo el corazón y tomándolo, arriesgándote a volver a vivir en la inocencia, atreviéndote a volver a ver el mundo con ojos de niño, siendo lo suficientemente valiente para volver a confiar y para entender que la vida tiene un flujo y que solo tienes que fluir en él. Abrir el corazón a la vida, al amor en general, con ese sentimiento que sale de tu corazón para ser compartido con tu pareja, tu familia, tus amigos y llegar aun más allá con el mundo que te rodea.*

*Verás que la verdadera felicidad la encontrarás en el gozo profundo de compartir este amor que ya existe y que emana de tu corazón como una fuente de Luz infinita.*

*Mientras encuentras esta fuente de amor, es importante que sepas que siempre te estamos acompañando. Cuando te sientas triste, acude a mí; pon tu cabeza en mi regazo y llora… tus lágrimas, benditas para mí, se convertirán en las estrellas que adornan mi manto. Cada lágrima que derrames, es una forma de purificación, de limpieza de tu corazón y te acerca más a ese amor puro e inocente que ya existe dentro de ti.*

*Siempre recuerda que nunca estás solo, en todo momento estás rodeado de ángeles y protegido por mi manto estrellado.*

*Te amo profundamente.*
*Tu Madre María*

## QUINTO CHAKRA
### Comunicación

Tener una comunicación eficiente y asertiva, sin duda, es parte importante de vivir en abundancia. La forma en la que yo me comunique con otros será la base de mis relaciones; la manera en la que me exprese ante el mundo, será un claro reflejo de quién soy y de la forma en la que me concibo a mí mismo. Es importante comunicar mi verdad, mostrar al mundo la persona que soy y lo que tengo qué aportar de una manera plena, positiva y en conciencia.

## La importancia de comunicarse

Recuerdo haber leído hace algunos años un artículo del doctor Ryke Geer Hammer, médico oncólogo alemán, quien, entre muchas otras cosas, decía: «Lo que enferma no son los sentimientos, sino vivirlos en soledad». Esta frase me impactó mucho en su momento y es una de esas enseñanzas que se quedan guardadas en el corazón.

La palabra comunicar viene del latín *comunicare*, que significa «poner en común» o «compartir algo». Entonces, cuando hablamos de comunicación, estamos hablando de comunión, de ponernos de acuerdo, de compartir nuestros mundos interiores con los que están a nuestro alrededor.

Para que la comunicación se dé en completitud se requiere que exista un **emisor** (la persona que crea el mensaje); un **medio** (quien lo porta); un **mensaje** (el contenido de la comunicación) y un **receptor** (quien recibe el mensaje). Debería de ser tan simple como esto, sin embargo, normalmente entran en juego muchos otros factores como la falta de claridad al emitir el mensaje, los bloqueos en la comunicación, los distractores o el ruido, la falta de atención del receptor...

## Emisor

Cuando nos comunicamos estamos expresando algo que viene desde adentro, ya sea que viene de nuestro mundo mental o emocional. Nos volvemos emisores de una idea o de un sentimiento para compartirlo o plasmarlo con el entorno. Ya sea que te comuniques con una persona o con un grupo de personas; comunicarte implica entregar un mensaje.

Es importante tener claridad al emitir el mensaje, qué tan hábiles somos o no para transmitir lo que queremos que el otro sepa.

*Gustavo, uno de mis pacientes, es un gran conversador en muchos temas; sin embargo, cuando se trata de hablar de sus sentimientos se bloquea, se apanica y se queda mudo. En una de sus últimas sesiones ha-*

*blamos de la necesidad que tiene de expresarle su amor a la chica que le gustaría que fuera su pareja y de la dificultad que encuentra en lograrlo. Al explorar qué le pasa con esto, nos dimos cuenta de que lo que se encontraba detrás de esta falta de expresión es inseguridad, baja autoestima y miedo al rechazo.*

La realidad es que, a la hora de emitir el mensaje, cuando lo hacemos desde el miedo, podemos caer en desinformación y malos entendidos, que posteriormente se pueden convertir en chismes o problemas interpersonales.

Es importante saber ser claros y precisos en los mensajes que emitimos. Esta cualidad se llama **ser asertivos**. Expresar aquello que deseamos comunicar de una forma clara, precisa y completa, sin por eso ofender o ser agresivos con los otros.

En la especialidad de Facilitadora de Desarrollo Humano nos enseñaron una fórmula, que en lo personal me ha resultado de gran utilidad y que normalmente pongo al servicio de mis alumnos y pacientes. Para hablar asertivamente tengo que empezar a hablar desde mí: *qué me sucede a mí, qué pienso, qué siento, qué veo, qué opino.*

Cuando me voy a referir al entorno o a alguna conducta o acto específico del receptor, entonces corresponde ser objetivos y no agregar ningún juicio al respecto. Por último, debo siempre mencionar mi necesidad.

Todo esto da una fórmula que queda así:

- Lo que a mí me pasa + lo que tú haces + lo que yo necesito.

He encontrado de gran utilidad esta fórmula en mi vida personal, en todas mis relaciones, especialmente con mis hijos. No es lo mismo llegar a ver una recámara tirada y desde el enojo emitir juicios como: *eres un cochino o eres un desordenado*, mediante los cuales estoy claramente ofendiendo al otro, que decir: «*Cuando vengo aquí y veo tu recámara tirada (descripción objetiva de la acción del otro), me siento frustrado y pienso que no valoras mi trabajo (lo que a mí me pasa) y yo necesito que mantengas tu recámara en orden*».

Estamos acostumbrados a emitir juicios y a culpar a otros. Así que, este tipo de comunicación cambia la forma en la que interactuamos con los otros, permitiéndonos tener vínculos más sanos, basados en el respeto.

## Medio

Son muchos los canales que podemos utilizar para comunicarnos. Sin duda, el canal natural es el habla y el idioma; sin embargo, también nos comunicamos a través de nuestros gestos, de nuestra postura, de la posición física que ocupamos ante otros, a esto le llamamos comunicación no verbal.

Nos comunicamos constantemente con el mundo; el simple hecho de cómo nos paramos ante la vida, ya está comunicando algo de nosotros; si somos activos o pasivos, tímidos o extrovertidos, parlanchines o callados, etcétera. En cuanto a los medios, además de la lengua hablada, podemos comunicarnos a través de la escritura y hoy en día a través de la tecnología: teléfono, redes sociales, computadoras, etcétera.

## Mensaje

Es necesario que el mensaje que emitamos sea claro y preciso, que de verdad comunique aquello que queremos expresar y que no deje lugar a dualidades o malas interpretaciones.

Es muy típico de nuestra cultura latina no decir las cosas como son por miedo a «herir susceptibilidades» o a quedar mal con el otro; desde ahí, somos capaces de mal manejar la información dándola de una forma en que se puede distorsionar.

Aprender a decir que no, entender que no soy responsable de la forma en la que el otro recibe el mensaje y lo que elige hacer a partir del mensaje y ser asertivo, son solo algunos de los factores que me van a ayudar a construir mensajes objetivos, claros y precisos.

*Justo mientras escribía esto, ocurrió que un amigo, sin tener un motivo aparente subió a Facebook una foto mía. La publicación no tenía razón de ser y me generó un mal sabor de boca. En otro momento de mi vida, quizá me hubiera quedado callada por miedo a ofender a mi amigo o porque pudiera sentirse apenado al escucharme; hoy, descubro que me resulta fácil poder decirle: «No entiendo la razón por la que subiste mi fotografía, me siento incómoda con tu publicación y te pido que por favor la borres, ya que no quiero que se preste a malas interpretaciones».*

## Receptor

Cuando nosotros somos los emisores del mensaje, no podemos controlar la forma en la que el receptor lo va a recibir. Los sentimientos que surjan en el receptor, su reacción ante nuestro mensaje o la forma en que reciba y procese el mismo, solamente es responsabilidad de él. Nuestra responsabilidad es emitir el mensaje con claridad, siendo asertivos, sin ofender al otro y tratando de que nuestras palabras sean lo más precisas posible. Lo que el otro haga con nuestro mensaje, dependerá de su propia decisión.

Por muy fuerte que resulte lo que estoy diciendo, el otro siempre tiene la opción de elegir lo que va a hacer con lo que está escuchando, es decir, cómo va a reaccionar.

Lo que sí puedo hacer como emisor, sobre todo en casos en los que me es muy importante saber que la comunicación se completó, es pedir acuse de recibo. ¿Qué quiere decir esto? Preguntarle al otro qué entendió, cómo lo recibió, etcétera. Esto me va a permitir tener la certeza de que ambos tenemos la misma información, una percepción similar de lo que se está comunicando y que a pesar del ruido y/o los distractores se logró la comunicación.

## Guardar secretos: bloqueos en el chakra de la garganta

Todo lo que nos callamos, lo que no decimos por miedo, por pena o por no generar problemas, termina siendo energía negativa acumulada en el chakra de la garganta, que tarde o temprano se convierte en bloqueos y posteriormente en enfermedades.

De acuerdo al secreto que estamos guardando, al peso emocional que tiene o al tiempo que lleva almacenado, es el tipo y la gravedad de la enfermedad que se desarrolla, pudiendo ser desde un dolor de garganta, hasta un cáncer de tiroides.

Es por eso que cada persona tiene que tener un espacio de expresión propio. Muchas veces ese espacio de expresión no nos lo brinda nuestro entorno o la familia directa y es necesario buscarlo afuera, es decir, buscar un grupo de autoayuda, una terapia, un buen amigo con quien hablar, un sacerdote, en fin, no importa con quién podamos platicar aquello que nos aqueja. Parte de nuestra salud emocional y mental es compartir con otros lo que nos sucede.

Si sientes que tienes algo qué decir que no puedes expresar con las personas que te rodean, no dudes en buscar ayuda; el simple hecho de sentirte escuchado por otra persona ya es sanador.

*Lizbeth era auxiliar en un despacho contable; durante mucho tiempo asistió a su lugar de trabajo sin tener ningún tipo de contratiempo. Sin embargo, sucedió que de repente su jefe comenzó a acosarla, enviándole primero mensajes indirectos, que posteriormente se convirtieron en señales directas: palabras y faltas de respeto, hasta que un día la siguió hasta una pequeña bodega donde quiso tocarla y besarla a la fuerza.*

*Durante todas las semanas que duró el acoso, Lizbeth quería hablar del tema con alguien, sin embargo, el hecho de que el acosador fuera su jefe directo no se lo permitía. Surgía en ella el miedo a perder su trabajo, a perder su fuente de ingreso, a que nadie le creyera al poner su palabra en contra de la de su jefe, a que se le juzgara, etcétera. En esas semanas comenzó a desarrollar una laringitis que terminó por dejarla afónica y sin poder hablar, igual que con que la situación que estaba viviendo.*

*Finalmente, Lizbeth decidió denunciar a su jefe y renunció a su trabajo. En cuestión de días ya la habían contratado en otro lugar y recuperó su salud y su voz.*

## Que todo lo que salga de tu boca sea positivo

Si lo que vas a decir no es constructivo y no va en función de tu más alto bien o del más alto bien de los que te rodean, mejor no lo digas.

Existen muchas personas que dedican su vida a hablar mal de otros. Su forma de relacionarse con otras personas, que vibran al mismo nivel que ellas, es hablando mal de los demás. A veces ensalzan sus pláticas señalando lo que otros hacen mal o cómo, según ellos, se equivocan. Normalmente este tipo de personas no tienen una vida personal rica, no se construyen a sí mismos y como no tienen algo positivo qué decir de ellos mismos, entonces se engrandecen hablando mal de los demás.

*Recuerdo que, en alguna ocasión, una amiga me invitó a una reunión con uno de sus grupos. Yo no conocía prácticamente a ninguna de las asistentes, por lo que decidí mantenerme neutral y dedicarme a escuchar las pláticas de las demás; para mi sorpresa, los temas de conversación giraban en torno a criticar y enjuiciar a personas que no estaban presentes. En algún momento me preguntaron qué opinaba del tema y mi respuesta fue una pregunta directa sobre la vida de la persona que me cuestionaba. Quizá fui un poco obvia en cuanto a mi rechazo a la crítica, pues nunca me volvieron a invitar a ese grupo.*

Si tú eres de los que hablas mal de otros, detente y cuestiónate: ¿para qué lo estás haciendo?, ¿qué necesitas expresar en realidad?, ¿qué necesitas demostrar? Si tú prestas tus oídos para que otros te hablen mal de otras personas, ¿te parece correcto?, ¿cómo te sientes al hacerlo?, ¿te gustaría que otros lo hicieran contigo?

Parte de vivir en el conocimiento, en la abundancia y en la plenitud, es justamente tomar conciencia. ¿Esto que estoy expresando, esto que estoy recibiendo, cómo me hace vibrar? ¿Viene desde el miedo o desde el amor? Con este tipo de acciones, ¿qué le estoy comunicando al universo? ¿Qué tipo de situaciones estoy creando en mi vida a partir de estas comunicaciones?

A partir de hoy frena la negatividad en tus comunicaciones, sé consciente de las palabras que vas a expresar para que salgan desde tu corazón y estén impregnadas de amor y, para que todo aquel que se cruce en tu camino, sea beneficiado por tu palabra.

## Hablar desde mi verdad

Cada uno de nosotros tiene su propia verdad, su propia perspectiva de la vida vista desde diferentes zapatos y a partir de diferentes historias. Esto hace que, aunque exista una verdad central (no creo en las verdades absolutas), todos tenemos un pedacito de esa verdad y es solo, a través de la comunicación, como podemos llegar a acuerdos sobre la realidad.

Pongamos como ejemplo un florero con ocho flores y a tres personas que lo ven desde diferentes ángulos: la primera persona se ubica del lado izquierdo del florero, la segunda de frente a él y la tercera a su lado derecho. Es el mismo florero, pero si le pedimos a las tres personas que lo describan, es casi seguro que lo que van a decir sea diferente.

Así sucede en la vida, cada quien la vive desde una perspectiva diferente, cada quien pone su atención en un aspecto distinto de la vida, cada visión está inevitablemente teñida por la historia del observador. De esta forma tenemos una especie de caleidoscopio, donde la realidad es una, pero es vista desde millones de perspectivas diferentes.

Cuando les digo a mis alumnos que hablen desde su verdad, casi siempre el primer sentimiento que surge es el miedo y es que, al parecer, todos tenemos temor a que nuestra verdad no sea correcta. Si lo vemos desde esta perspectiva del caleidoscopio o de las flores, nos daremos cuenta de que no existe una verdad «correcta» o «incorrecta». Simplemente mi verdad es aquello que yo vivo y de la forma en la que lo vivo; cuesta trabajo porque nos enseñaron a negarnos a nosotros mismos y a no validar nuestra perspectiva de la vida.

*Me acuerdo perfecto de que, cuando estaba en la universidad e hice mi tesis, no podía hablar de mi experiencia, tenía que sustentar todo lo que decía y nombrar quién era el autor de cada expresión. Aunque mi tesis tenía que ver con un trabajo que yo llevaba años realizando, mi experiencia laboral y lo que yo sabía sobre el tema no era válido si no era dicho por otra persona de más renombre.*

Otro de los miedos a los que nos enfrentamos cuando hablamos de nuestra verdad es al juicio. Siempre habrá personas con el *dedito acusador,* listo para decirte *eso no es cierto, eso es una mentira, eso no es real, eso es de locos,* etcétera. Si que cuesta trabajo aprender a sostener tu propia verdad.

> *Este miedo fue algo que me costó mucho trabajo superar en mi camino como angelóloga. Recuerdo, al principio cuando apenas estaba inician-do, haber escuchado a un señor decirle a su esposa delante de mí, «no le hagas caso a esta señora porque es una charlatana». Esas palabras ca-lan y a veces hacen que no seamos capaces de sostener nuestra verdad. Creo que después de escuchar ese comentario decidí callar mi verdad en varios grupos, hasta que me fortalecí y pude sostenerla nuevamente.*

Atreverte a hablar desde tu verdad, atreverte a expresar la forma en la que tú ves al mundo, sin miedo a la crítica, sin miedo a equi-vocarte en tu propia percepción, es también parte de la abundancia.

## Tres tipos de comunicador: pasivo, asertivo y agresivo

Los ángeles me han enseñado que existen tres tipos de comunicadores:

1. PASIVO: Es aquel que prefiere callarse, que tiene miedo a la reac-ción de los otros y desde ahí prefiere no externar su opinión, pen-samiento o sentimiento. A veces sí lo externa, pero lo minimiza, restándole todo el poder a su comunicación (por ende, a la nece-sidad que está detrás de la comunicación).

2. ASERTIVO: Expresa con toda claridad lo que se desea, siempre buscando hablar desde sí mismo, sin juicios y sin ofensas.

3. AGRESIVO: Es el que sobrerreacciona ante cualquier circunstancia y trata de imponer su punto de vista mediante gritos,
   ofensas, amenazas, juicios, etcétera.

Tanto la comunicación pasiva, como la agresiva, están basadas
en el miedo. Mientras que la comunicación asertiva está basada en
el amor.

Los ángeles me muestran los diferentes tipos de comunicación
como si fueran un péndulo, en el que ninguno de los dos extremos
es positivo y donde nos piden mantener un centro asertivo para lograr comunicaciones que nos lleven a la plenitud.

## Expresar sentimientos y pensamientos

Existen personas para quienes es más fácil hablar de lo que piensan,
pero que se les complica hablar de lo que sienten. El arcángel Gabriel siempre es muy claro en cuanto a que tenemos que buscar un
balance entre la cabeza y el corazón; de esta forma debemos de ser
capaces de expresar nuestra verdad tanto desde nuestros sentimientos, como desde nuestros pensamientos. Energéticamente me lo
muestra como corrientes de energía que salen del tercer ojo y el
corazón, y que se juntan en la garganta.

*Construye puentes de amor con tus palabras*

*Mi niña hermosa:*

*Han construido a lo largo de los siglos un mundo donde reina la
agresividad y el miedo. A veces he escuchado cómo desde tus pensamientos te preguntas a ti misma ¿qué puedo hacer para generar
un cambio?*

*Son muchas las acciones que pueden ustedes tomar: abrir el corazón, vibrar más alto, sembrar la semilla de la paz en sus corazones; sin embargo, hay una acción en particular que puede ayudar mucho y es cuidar la palabra.*

*Sus palabras son el reflejo de la interacción entre cada uno de ustedes. Si los vínculos fueran puentes, las palabras son los ladrillos que los construyen. Si tú cuidas tus palabras, estás cuidando tus comunicaciones y por ende tus relaciones. Si cada ladrillo que pones en este puente maravilloso, es un ladrillo de luz y amor, obtendrás puentes luminosos y amorosos.*

*Entonces, concretamente, te estoy pidiendo que cuides que cada una de tus palabras salga desde tu corazón, que aun cuando expreses enojo, dolor o frustración, bañes tus palabras de luz y de amor antes de que salgan de tu boca.*

*Verás que al mejorar tus comunicaciones, mejoras tus relaciones y con esto pones tu parte en la construcción de un mejor mundo.*

*Te amo siempre.*
*Arcángel Gabriel*

## Saber escuchar

Así como es importante saber expresarse, es importantísimo saber escuchar. Existen muchos niveles de escucha. Aquí vamos a hablar de cuatro básicos:

- Primer nivel/Escucha superficial: estoy escuchando a lo lejos, sé que me están hablando, pero estoy haciendo todo, menos poner atención. Me muevo de un lugar a otro, saco cosas, guardo cosas, veo el celular, hago otra actividad. De vez en cuando cacho una u otra idea en el aire y con eso voy armando la historia.

- Segundo nivel/Escucha de juicio: escucho, sin embargo, tengo el *dedo acusador* en la mano y el juicio en la punta de la lengua; todo el tiempo interrumpo. Tengo esta idea de que, si el otro me viene a platicar sus cosas y se abre a mí, yo tengo derecho de decirle qué es lo que tiene que hacer. Ordeno, enjuicio, interrumpo, condeno, desapruebo, culpo. Al final, el otro termina sintiéndose mal, sobajado y enjuiciado.

- Tercer nivel/Escucha en silencio: escucho sin opinar, sin decir, aguantando los silencios; escucho tranquila y trato de utilizar mi comunicación no verbal para hacerle saber al otro lo que me está generando su relato. Lo toco, lo abrazo, le doy una palmada; lo escucho en total y absoluto silencio y respeto.

- Cuarto nivel/Escucha empática: escucho, trato de ponerme en los zapatos del otro, me pregunto *si yo fuera él, ¿cómo me sentiría?* Mis comentarios hacia el otro vienen desde la empatía. *Me imagino que, me parece que, si yo fuera tú me sentiría de tal forma*; es una escucha de total y absoluto acompañamiento.

---

### EJERCICIO N.º 18: CÓMO ME COMUNICO
### CON LOS QUE AMO

---

Busca un lugar en el que puedas estar tranquilo y en paz; puedes poner música de fondo para meditar.

1. Haz una respiración profunda y concéntrate en tu ritmo respiratorio, haciéndolo cada vez más lento y de manera más consciente.

2. Vuelve a inhalar profundamente y esta vez centra la atención en el peso de tu cuerpo. Empieza por sentir cuán pesada es tu cabeza y la presión que ejerce sobre tu cuello, el peso de tus hombros, de tus brazos; hazte consciente de tu posición, en dónde recae el peso de cada una de estas partes que te conforman; sobre qué están haciendo presión. Con tu mente, haz un recorrido por todas las partes de tu cuerpo; si te es más fácil, imagina que este se va pintando de algún color.

3. Sigue respirando despacio, profundamente y visualiza cómo empiezan a crecer raíces de tus pies... ¿Cómo son estas raíces? ¿Son frágiles o fuertes? ¿De qué color son? ¿Son delgadas o anchas? Al ritmo de tu respiración observa cómo crecen, atravesando el piso, la tierra... Sigue respirando y sigue viendo el crecimiento de tus raíces hasta llegar al centro de la Tierra.

4. Nota cómo, con cada respiración, jalas energía desde el centro de la Tierra y la llevas hasta tus pies; con cada inhalación permites que esta energía suba por tus piernas, tu cadera, tus glúteos, tu espalda, tu torso, tu cuello, tu cabeza. Todo tu cuerpo está conectado con la tierra, estás arraigado, eres uno con la Tierra.

5. Sube la atención a tu coronilla, justo al centro de tu cabeza y desde ahí observa cómo te conectas con el cielo.

6. Con tu imaginación vas a regresar al claro en el bosque, justo a tu espiral de relaciones.

7. Vuelve a observar quiénes están en esta espiral de relaciones. ¿De todas estas personas quiénes son las más importantes para ti?

8. Párate frente a cada una de ellas y pregúntate: ¿Cómo es mi comunicación con esta persona? ¿Cómo me expreso con él o con ella? ¿Soy pasivo, agresivo, asertivo?

9.  ¿La escucho? ¿Cómo la escucho, de manera superficial, juiciosa, en silencio o soy empática?

10. ¿Qué podría hacer para mejorar mis comunicaciones con esta persona?

11. Repite el proceso con cada una de las personas importantes de tu círculo.

12. Agradece a todos estos seres que conforman tu espiral de relaciones y permíteles que se retiren.

13. Toma conciencia del lugar en el que estás. ¿De qué te diste cuenta con este ejercicio?

14. Respira... Regresa a tu cuerpo físico. Mueve tus manos y tus pies. Cuando estés listo, abre tus ojos.

## La comunicación con mis ángeles y mis seres de luz

He descubierto que, para mí, una parte importante de ser abundante en mis comunicaciones es recibir mensajes constantes de mis ángeles, de mis seres de Luz y de Dios.

Dos de las preguntas que siempre me hace la gente son *¿cómo hago para comunicarme con mis ángeles?*, *¿cómo le hago para llamarlos o contactarlos?*

Lo primero que necesitas saber es que no tienes que hacer nada para que tus ángeles acudan a ti; ellos han estado contigo desde el momento en el que decidiste regresar a la Tierra, acompañándote y tratando de guiarte. En este proceso te han enviado señales, se han comunicado contigo a través de sueños, te han hablado en tu cabeza. Tú, en ocasiones has hecho caso y en otras has omitido el mensaje.

Establecer el canal de comunicación con tus ángeles no es otra cosa que volverte consciente de los mensajes que te mandan. Para que tú puedas escuchar estos mensajes lo único que necesitas hacer es abrirte, es desear escucharlos, es poner atención a lo que sucede y recibirlos, confiando en que eso que se está dando es real. La confianza, al parecer, es la parte que más trabajo nos cuesta en este proceso de recibir el mensaje. Muchas veces sí lo recibimos, pero lo desechamos pensando que no es verdad.

Respondiendo a otras preguntas que también me hacen constantemente sobre *¿cómo hablarles a mis ángeles?* o *¿si existe una oración especial para invocarlos?* Te repito que no necesitas hacer nada especial para contactarlos, háblales desde tu corazón, como si estuvieras hablando con tu mejor amigo cuando sientas la necesidad.

Los ángeles llevan una vida entera con nosotros esperando establecer esta comunicación, ansiosos por hacerte saber lo mucho que te aman y por ayudarte a tener una vida más plena. En realidad, lo único que necesitas hacer para comunicarte con ellos es abrirles la puerta de tu corazón, ellos se encargarán del resto.

## SEXTO CHAKRA
### Tercer ojo

Cuando se habla del tercer ojo, muchas personas piensan que es algo mágico o exclusivo de algunos cuantos que tienen poderes adivinatorios.

Cabe aclarar que el tercer ojo es el chakra que está a la altura de la frente y todos tenemos acceso a él. Se cree que es solamente la intuición lo que se activa a través del tercer ojo, cuando en realidad es en este centro energético donde se activan la inteligencia, la sabiduría, la capacidad de aprender y de estar atentos, de ver con claridad y visualizar el futuro. Hablemos de algunos de estos aspectos:

## Inteligencia

Algunas personas no se consideran inteligentes, y es que crecimos en una sociedad donde la inteligencia se mide con una calificación numérica en la escuela, sin darnos cuenta de que cada uno de nosotros tiene una capacidad de razonar diferente y que está equipado con distintas habilidades de acuerdo a la misión de vida que tiene que llevar a cabo. Es imposible que seamos buenos en todo. Algunos son buenos para las Matemáticas, otros lo serán para la Historia y las Humanidades. El que es bueno para la Química es muy probable que no lo sea para Música o Dibujo, y el que es bueno para la Biología quizá no encuentre interesante la Historia.

Crecimos comparándonos con otras personas que eran mejores que nosotros en determinadas materias, crecimos en competencia para ver quién sacaba las mejores notas, quien entregaba los mejores trabajos, etcétera. A algunos de nosotros nos hicieron sentir que no éramos lo suficientemente inteligentes o, porque no éramos buenos en algo en particular, se nos tachó de tontos. Muchos lo creímos y algunos lo siguen creyendo.

Los ángeles me han mostrado que cada uno de nosotros somos inteligentes de una manera diferente y que estamos hechos para complementarnos trabajando en equipo.

La inteligencia es algo que está en ti. Busca para qué eres bueno y pide a tus ángeles que te ayuden a desarrollar tu capacidad de razonar y de pensar correctamente.

El cerebro es un órgano que si no se usa se atrofia. Oblígate a realizar actividades que te fuercen a pensar, a razonar, a buscar soluciones. El peor enemigo del cerebro es la pantalla; cuando nos embobamos con la T.V., computadora o celular dejamos de pensar y nos volvemos receptores. Parte de la abundancia es realizar actividades que nos ayuden a desarrollar el intelecto. Busca leer, resolver crucigramas, entra a una clase, etcétera.

*Entré a la especialidad de Psicoterapia Gestalt nueve años después de haber salido de la carrera; las primeras dos clases sufrí porque no podía seguir el ritmo del maestro y del grupo. Hablaban de filosofía existencial y a mí todo lo que decían me parecía extremadamente profundo y complicado. Pasó por mi mente salirme de la especialidad pensando que no era lo suficientemente inteligente para entender lo que ahí enseñaban.*

*Días después, mientras corría, el arcángel Raziel empezó a pasarme un mensaje: me pedía que uniera con hilos de oro mi fuente de sabiduría interior (plexo solar) con la fuente de sabiduría exterior o del universo (mi tercer ojo), con mis procesos de pensamiento (atrás de mi coronilla) y mi memoria (a la altura del cerebelo) y nuevamente a mi plexo solar. Todo esto formaba un rombo, el cual me decía que lo llenara con Luz Divina mientras repetía las afirmaciones que más adelante les comparto.*

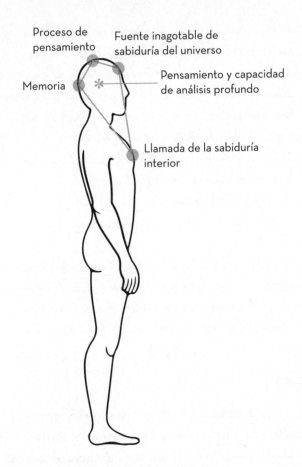

Proceso de pensamiento

Fuente inagotable de sabiduría del universo

Memoria

Pensamiento y capacidad de análisis profundo

Llamada de la sabiduría interior

## *Afirmaciones:*

- *Yo soy pensamiento y capacidad de análisis profundo.*
- *Yo soy sabiduría. Yo estoy en contacto con la llama de la sabiduría que vive dentro de mí.*
- *Yo conecto con la fuente de sabiduría exterior y recibo sabiduría de los ángeles y del universo.*
- *Mis neuronas están interconectadas correctamente y funcionan a toda su capacidad de manera que se me facilita el pensamiento y el entendimiento de las cosas.*

- *En mi memoria los datos, los recuerdos y los pensamientos del pasado están ordenados y almacenados de tal forma que puedo acceder a ellos en cualquier momento y de manera inmediata.*

- *Mis cuatro puntos están unidos por hilos de oro que facilitan la conexión y que forman un espacio donde se albergan el pensamiento y la capacidad de análisis profundo.*

- *Mis ángeles iluminan este espacio haciendo que mediante la luz el proceso sea más claro y efectivo.*

- *Yo soy inteligencia y sabiduría.*

- *Yo soy buena memoria y entendimiento.*

*Después de este encuentro con el arcángel Raziel no tuve ningún problema en entender lo que se me enseñaba en la especialidad. Cabe mencionar, sin ganas de caer en la presunción, que, al terminarla, el último semestre obtuve la calificación más alta del grupo.*

## Intuición

La intuición no es un sexto sentido que solamente tienen unos cuantos; todos nacemos siendo intuitivos, todos nacemos con apertura en el tercer ojo. Sucede que, conforme vamos creciendo, lo vamos cerrando por las creencias sociales que tenemos. Gracias a Dios, esto está cambiando.

Antes se creía que todo lo que era etéreo era malo, al igual que todo lo que pertenecía al reino de la parapsicología y de lo paranormal y que generaba miedo; esto, aunado a lo que podíamos haber vivido en vidas pasadas como persecuciones de brujas o muertes en la hoguera, hizo que muchos decidiéramos, por voluntad propia, cerrar el tercer ojo para no ver, no sentir, no escuchar y no saber cosas que no estaban consideradas dentro del rango de la «normalidad».

Ahora, conforme la humanidad va despertando, conforme nos vamos acercando a esta nueva era espiritual, cada vez son más y más las personas que van abriendo sus capacidades intuitivas.

La intuición es aquella que nos guía, nos informa, nos señala de manera muy sutil lo que está por suceder. Lo hace a través de visiones, de sensaciones, de sentimientos y de información, que simplemente surgen en nuestra mente sin saber a ciencia cierta de dónde vienen.

La intuición a veces se confunde con casualidades o coincidencias; algunos las llamamos diosidencias, porque estamos seguros de que es Dios tratando de decirnos algo.

Alberto Martínez, quien es un entrañable amigo y colega angeloterapeuta, dice en su conferencia «Redescubriendo la Comunicación con el Espíritu», que Dios nos habla todo el tiempo, a través del viento, del sol, de la naturaleza, de lo que sucede en el exterior. Que solo tenemos que abrir los ojos y observar, dejándonos guiar a través de nuestra intuición para aprender y entender el mensaje.

Tenemos cuatro canales intuitivos («**claris**»):

- Clarividencia: Se refiere a lo que vemos dentro o fuera de nuestra cabeza. Es decir, con los ojos físicos o con el tercer ojo. A veces nuestra intuición se activa a través del sueño.

- Clariaudiencia: Son mensajes hablados que se reciben dentro o fuera de nuestra cabeza. A veces se escuchan con nuestra propia voz, pero sabemos que no somos nosotros, porque el mensaje normalmente nos da información que no teníamos o que nos hace tomar acción de determinada forma. A veces la clariaudiencia se da cuando escuchamos en voz de otras personas el mensaje o cuando encendemos la radio y la televisión y están diciendo justo lo que tenemos que escuchar en un momento determinado.

- Clarisensibilidad: Se refiere a sentir. Se da a partir de sensaciones sutiles en nuestro cuerpo que nos indican algo en particular. Se nos pone la piel chinita como confirmación de algo, nos encogemos ante lo que probablemente nos causará miedo; a veces, sentimos en nuestro cuerpo lo que la persona que está próxima a nosotros está sintiendo. Sentimos energía, sabemos que una entidad está presente, etcétera.

- Clariconocimiento: Se refiere a saber que algo está sucediendo en un momento preciso o a tener información que no sabemos por qué la tenemos o de dónde viene, pero simplemente nos llega. Puede ser información que tiene que ver con una persona en particular o con un evento o tema determinado. Simplemente nos llega en el momento preciso en el que tiene que llegar.

## Sabiduría

Todos nosotros, nos guste o no, lo creamos o no, somos sabios. Hemos vivido muchas vidas y nuestra psique alberga memorias que no nada más corresponden a esta vida, sino que son memorias que nos vienen de otros tiempos, de otros lugares y de otras vidas.

En sus investigaciones, el doctor Brian Weiss, psiquiatra estadounidense, descubrió que muchos de los problemas que enfrentaban sus pacientes no correspondían a estas vidas y que, a través de la hipnosis, podía hacer regresiones que los ayudaban a solucionarlos.

Muchas veces descubrimos en nosotros talentos que nadie nos enseñó o vemos a niños muy pequeños que tocan algún instrumento musical de manera prodigiosa o que tienen información avanzada sobre cierto tema. Los niños hasta los seis años no han terminado de bloquear sus memorias de vidas pasadas, por lo que les es muy fácil recordar.

*Carolina, una alumna mía, se acercó a tomar uno de mis cursos para entender algo que sucedía con su hijo. Ella vive en San José del Cabo, Baja California, y su hijo nunca había estado en la Ciudad de México, bueno, al menos en esta vida. Un día, mientras desayunaban, el niño de cuatro años le empezó a platicar que había muerto en un terremoto, le dio información y detalles de lo sucedido y todo coincidía con el terremoto de la Ciudad de México de 1985.*

Cuando somos capaces de acceder a esta sabiduría que ya existe en nuestro interior, y confiamos en ella, la vida se vuelve más fácil y es mucho más factible que seamos capaces de vivir en plenitud.

## La razón al servicio de la intuición y viceversa

Es importante que exista congruencia en nuestra mente; esto no quiere decir que la razón, la intuición y la sabiduría van a estar de acuerdo en un tema en particular siempre, pero sí quiere decir que dejemos de tener este eterno pleito interno entre unas y otras, y logremos poner las tres a nuestro servicio y al servicio de quienes nos rodean.

Casi siempre estamos divididos: nuestra razón nos dice una cosa y la intuición nos dice otra. Cuando esto sucede convendría ver cuál de las dos está vibrando en miedo y cuál de las dos vibra en amor y entonces permitir que sea nuestra sabiduría interior la que decida lo que se tiene que hacer. A esto yo le llamo "sostener una junta de consejo en el tercer ojo".

### EJERCICIO N.º 19: LA JUNTA DE CONSEJO

Busca un lugar en el que puedas estar tranquilo y en paz; puedes poner música de fondo para meditar.

1. Haz una respiración profunda y concéntrate en tu ritmo respiratorio, haciéndolo cada vez más lento y de manera más consciente.

2. Vuelve a inhalar profundamente y esta vez centra la atención en el peso de tu cuerpo. Empieza por sentir cuán pesada es tu cabeza y la presión que ejerce sobre tu cuello, el peso de tus hombros, de tus brazos, hazte consciente de tu posición, en dónde recae el peso de cada una de las partes que te conforman; sobre qué están haciendo presión. Con tu mente, haz un recorrido por todas las partes de tu cuerpo; si te es más fácil, imagina que este se va pintando de algún color.

3. Sigue respirando despacio, profundamente y visualiza cómo empiezan a crecer raíces de tus pies... ¿Cómo son estas raíces? ¿Son frágiles o fuertes? ¿De qué color son? ¿Son delgadas o anchas? Al ritmo de tu respiración observa cómo crecen, atravesando el piso, la tierra... Sigue respirando y sigue viendo el crecimiento de tus raíces hasta llegar al centro de la Tierra.

4. Nota cómo, con cada respiración, jalas energía desde el centro de la Tierra y la llevas hasta tus pies; con cada inhalación permites que esta energía suba por tus piernas, tu cadera, tus glúteos, tu espalda, tu torso, tu cuello, tu cabeza. Todo tu cuerpo está conectado con la Tierra, estás arraigado, eres uno con ella.

5. Lleva tu atención a tu tercer ojo y piensa en algo que te preocupe en este momento, algo que te inquiete, algo sobre lo que seguramente te gustaría recibir guía.

6. Sube la atención a tu coronilla, justo al centro de tu cabeza y desde ahí observa cómo te conectas con el cielo.

7. Con tu imaginación vas a viajar a un bosque en el que encuentras un camino. Empieza a seguirlo, observa lo que se va presentando en el sendero.

8. Allá, a lo lejos, ves algo que parece ser una gran biblioteca. Al entrar te quedas maravillado con la cantidad de libros que hay, cuánta información guardada en un solo lugar, cuánto orden. En una de las mesas del lugar observas a un muchacho, que al parecer es un genio que está trabajando con unas pipetas y resolviendo una ecuación. Te acercas y él te mira fijamente. Le expones tu problema o aquello que te preocupa. Él inmediatamente te da la solución que cree pertinente. Registra esta información. Le das las gracias, te despides y sales de la biblioteca.

9. Sigues caminando por el bosque y ves una cabaña. Algo te invita a entrar y lo haces. Adentro encuentras a una hechicera quien está trabajando con su pócima mágica. Al igual que con el «genio», le expones tu problema y permites que la hechicera hable, que se exprese y que te dé consejo sobre cómo solucionar el dilema que te aqueja. Registra la información, da las gracias y continúa tu camino.

10. Continúas el paseo y allá muy lejos ves un gran árbol, es un árbol hermoso, se podría decir que hasta iluminado; debajo de él, descansando, se encuentra una anciana. Cuando llegas te saluda de manera amable y te invita a sentarte cerca de ella. Le expones tu problema y esperas a escuchar su respuesta. La registras. Das las gracias y continúas tu camino.

11. Ha llegado el tiempo de regresar. Recorres el camino de regreso, pasando por todos los lugares que transitaste en un principio.

12. Regresas a tu cuerpo, a tu respiración, a tomar conciencia de la forma en la que estás sentado.

13. Antes de abrir los ojos lleva a la conciencia las respuestas que recibiste. ¿A qué conclusión llegas?

14. Abre tus ojos.

## ¡Nunca dejes de aprender!

Creo que lo más importante que podemos hacer con nuestro tercer ojo es aprender. Aprender de todo, de lo que vivimos, de lo que escuchamos, de lo que vemos, etcétera.

Creo que, si algún día dejamos de aprender, entonces nuestro paso por este planeta, por esta vida, ya no tendría sentido.

Estamos aquí para eso: para aprender. El día que tengamos todo resuelto, el día que sintamos que ya no tenemos necesidad de seguir evolucionando, ese día quizá ya estemos listos para trascender a otro plano.

Mientras sigamos en este plano y, sigamos viviendo una realidad humana, no importa cuáles sean nuestras circunstancias, debemos seguir aprendiendo.

## Escuchar el lenguaje de Dios

Dios y los ángeles nos hablan constantemente, solo hay que aprender a escucharlos, a abrir todas las **claris** (los canales intuitivos) y a estar dispuestos a recibir el mensaje que tienen para nosotros.

Ellos hacen uso de todo lo que está a su alcance para comunicarse, para hablarnos: la naturaleza, otras personas, los sueños, elementos del entorno como placas, espectaculares, canciones, frases escritas en una pared, etcétera.

Si aprendes a observar, si te abres a recibir, escucharás el lenguaje de Dios y todas tus actividades, desde la más simple hasta la más compleja, adquirirán un sentido diferente. Encontrarás abundancia aun en las cosas más sencillas o en las más cotidianas.

*Hace un par de años se me metió en la cabeza que quería correr en Chipinque (una montaña en San Pedro Garza García, Nuevo León) y fue una de esas veces en las que la corrida se volvió mensaje, metáfora, meditación y un claro reflejo de lo que sucedía en mi vida.*

*Me desperté muy temprano, me vestí y al salir me topé con un día muy frío, neblina densa y espesa, que impedía ver con claridad el camino. Aun así, decidí continuar con mi intención de correr. Era como si una parte mía insistiera en que lo tenía que hacer y decidí hacerle caso una vez más a mi voz interior —que por cierto es muy sabia y siempre me lleva a buenos lugares—.*

*De camino rumbo a la montaña, miles de pensamientos fatalistas relacionados con el evento pasaron por mi mente: «con este clima me voy a terminar de resfriar», hasta cosas ridículas como que no fuera a ser que con tanta neblina me volviera invisible a los coches y me atropellaran. Gracias a Dios me di cuenta de que lo que sentía solamente era MIEDO y de que la perspectiva para hacer frente a lo que se me presentaba ERA MI ELECCIÓN. Decidí tomar mi miedo de la mano, amigar con él y SEGUIR ADELANTE, prometiéndome a mí misma que si me sentía en verdadero peligro, abortaría por completo la misión.*

*Así, sintiendo mi miedo, pero sobreponiéndome a él, me bajé del coche, hice mis estiramientos iniciales y comencé a correr. Como Chipinque es una montaña, de antemano sabía que eran 7 km de subida y otros 7 de bajada. No tenía ningún tipo de expectativa sobre lo que iba a ser mi corrida en la montaña; no es una ruta sencilla, pero tampoco es un reto mayor, por lo que sin más comencé a correr. Creo que no haber tenido expectativas, ni buenas ni malas, lo hizo más fácil.*

*Los dos primeros kilómetros me costaron mucho trabajo, la neblina estaba muy densa y no se podía ver mucho hacia adelante, por lo que solamente me podía concentrar en el paso que estaba dando; «un paso a la vez, momento presente», me repetía sin parar. Mientras corría, pensaba en cuántas veces en la vida nos encontramos en esta situación en la que el futuro inmediato se ve turbio o no se ve con claridad y lo único que nos queda es enfocarnos en el momento presente.*

*Pues aquí lo estaba viviendo en carne propia: un paso a la vez, enfocándome solo en el pedacito de carretera que estaba pisando. Obviamente el miedo se acrecentaba a cada paso y el pensamiento que me vino fue ¡CONFÍA!, confía en el camino, aunque no lo veas ahí está; confía en tus pies, en tus piernas, en tus entrenamientos y en tu fortaleza; confía en todas tus herramientas internas que te ayudan a enfrentar este momento y a salir avante, pero sobre todo, CONFÍA EN DIOS y en los ángeles que te están acompañando todo el tiempo y que no te hubieran permitido llegar hasta aquí si esta experiencia no fuera enriquecedora y para tu más alto bien. Empecé a centrarme en mi respiración, mientras, a manera de mantra, repetía para mí misma: YO CONFÍO.*

*Pensaba que la densidad de la neblina iba a ir en aumento conforme fuera subiendo, para mi sorpresa, a partir del kilómetro 2, la neblina empezó a disiparse, comencé a tener más visibilidad y me sentí más tranquila y libre.*

*Esto me recordó la impermanencia de las cosas: por muy malo que sea lo que estás viviendo, no durará para siempre.*

*Para cuando llegué al km 3 había salido por completo de la nube, el sol brillaba, se sentía más calor y la sensación era de estar corriendo sobre las nubes. Yo en particular me sentía mucho más ligera y feliz. De verdad, el gran mensaje aquí fue: cuántas veces es el mismo miedo el que te ciega ante la vida y cuando decides confiar, la vida misma se encarga de aclararte el panorama. Por otro lado, encontré un mensaje mucho más profundo: el miedo, las preocupaciones terrenales, lo cotidiano, pueden tener una densidad muy espesa, absorbente; vivir en esa densidad es muy difícil, se podría decir que es energéticamente agotador, asfixiante. A veces solo necesitas subir un poco tu vibración, subir un poco tu energía, subir un poco tu conciencia para salir de esa densidad y poder ver la belleza de tu vida para poder vivir en mayor plenitud.*

*El recorrido fue hermoso, vi las nubes, las montañas, el sol en su esplendor; me sentía como una niña sorprendida con todo. A pesar de que es un camino que he recorrido tantas veces en coche, hacerlo corriendo me dio una perspectiva totalmente diferente; era como si hoy, al decidir sobreponerme a mi miedo y confiar, pudiera ver lo cotidiano con una mirada diferente. También influyó el hecho de bajar la velocidad, me dio la oportunidad de admirar tanta belleza; no es lo mismo la velocidad del coche, que ir corriendo; me imagino que si hubiera caminado seguramente hubiera apreciado otras cosas.*

*Mientras continuaba subiendo, comencé a sentirme parte de la montaña, no era yo corriendo contra la montaña ni tratando de dominarla; era simplemente yo siendo parte de toda esta belleza, un sentimiento de unicidad me invadió. Me sorprendió que subir fuera algo tan natural, es decir, no me estaba costando trabajo, simplemente lo hacía y surgía. La presencia de la montaña, su magnificencia, su fortaleza, su solidez, me recordaban constantemente que yo también soy eso: PRESENTE, MAGNÍFICA, FUERTE, SÓLIDA. Era como si la montaña me estuviera reflejando estas cualidades que ya existen en mí.*

*En el km 6, ya casi al llegar a mi objetivo, el ego volvió a aparecer, esta vez en forma de cansancio y dolor de piernas. En ese momento el arcángel Miguel se hizo presente, como siempre, enviándome señales; primero un pájaro azul hermoso que se posó junto a mí, seguido por una canción que empezó a sonar en mi mente y que cada vez que la escucho me hace pensar en él: «You raise me up» (Tú me elevas). Específicamente, vino a mi mente el coro que dice:*

*You raise me up, so I can stand on mountains;*
*You raise me up to walk on stormy seas;*
*I am strong when I am on your shoulders;*
*You raise me up to more than I can be.*

*Tú me elevas para que me pueda parar en montañas,*
*Tú me elevas para caminar sobre mares tormentosos,*
*Soy fuerte cuando estoy sobre tus hombros,*
*Tú me elevas a más de lo que puedo ser.*

*Y así, con esa confianza de traer al arcángel Miguel junto a mí, siempre guiándome, protegiéndome, empujándome a llegar más lejos y haciéndome más fuerte, continué y concluí mi ascenso.*

*Al llegar a mi objetivo encontré un mirador hermoso en donde pude apreciar las montañas y las nubes, pude tomar una fotografía y meditar. Mi meditación fue breve, pero hermosa; me vi parada en este mismo lugar con mis brazos extendidos hacia el cielo, recibiendo una cascada de luz, abundancia, prosperidad, paz y amor incondicional. Me sentí expandida, libre, profundamente amada por Dios, llena de paz y confianza. Llena de esperanza.*

*El descenso fue divertido, iba feliz, contenta, puedo jurar que iba corriendo y dando brinquitos como niña; disfruté aún más el paisaje, vi ardillas, me detuve a percibir el olor a bosque, admiré las poquitas flores que había, pero, sobre todo, estaba gozando todos los sentimientos y la luz que salían de mi corazón.*

*Al llegar al kilómetro 11 regresé a la neblina, conforme fui bajando se fue haciendo más y más densa, pero esta vez ya no fue importante, yo estaba cambiada, renovada, expandida y llena de luz.*

*Esto me hace pensar en la importancia de meditar día a día, elevar nuestra energía, conectarnos con Dios, de tal forma que, al regresar a lo cotidiano, podamos hacerlo con más frescura, con más ligereza, con más confianza y esperanza; en fin, ¡con mucho más LUZ!*

## SÉPTIMO CHAKRA
### La abundancia de tener una vida espiritual

Me parece que el círculo de la abundancia no estaría completo si no incluyéramos a Dios en él. Es más, creo que Dios mismo es quien crea este círculo y quien hace que todo tenga sentido.

Cuando pedimos su ayuda, cuando nos rendimos ante Él, es Dios quien le da sentido a nuestra existencia enseñándonos, mostrándonos y llevándonos de la mano para nutrir los diferentes aspectos de nuestra vida.

Es Dios quien transforma nuestra vida haciéndola pasar de una vida triste a una vida de muchos colores. Es Dios quien a veces rompe nuestros límites para que seamos capaces de ver una realidad mucho más plena de la que conocemos; es quien nos sacude para que nos soltemos de los miedos que nos atan; es Dios quien nos empuja, nos jala, nos dirige pacientemente hacia una realidad mucho más plena.

Y es Dios —cuando estamos en momentos de mucho dolor, cuando no vemos la salida, cuando no encontramos el camino—, quien nos toma entre sus manos, nos apapacha, nos sana, nos muestra cómo volver a caminar y por dónde andar. Él está siempre junto a nosotros al igual que sus ángeles y arcángeles, asegurándonos de que alcancemos la tan anhelada plenitud.

*Isabel y Luciana son unas hermanas que llegaron a uno de mis cursos, después de haber perdido a sus padres con una diferencia de solo 10 meses entre uno y otro. Cuando las conocí, ambas estaban atravesando por una fuerte depresión, se sentían solas, desamparadas, perdidas, desesperanzadas y sentían que nada hacía sentido en sus vidas.*

*En el momento en el que se abrieron a la Energía Divina, Dios y los ángeles cambiaron sus vidas para siempre. Primero las ayudaron a reconocer sus duelos, a honrar sus sentimientos y a darse permiso de vivirlos. Dios y los ángeles también las ayudaron a sanar sus corazones, a soltar lo que ya no correspondía y a empezar a construir una vida de mucho mayor plenitud.*

*Las hermanas, que siempre habían tenido una vida conservadora, siguieron tomando cursos espirituales, crecieron como personas, se metieron a clases de yoga y de baile. Hoy, a tres años de ese primer curso, son personas abiertas que viven en plenitud y que saben gozar y disfrutar de la vida, claro, Dios está siempre presente.*

## Tu relación con Dios

Dios y los ángeles no buscan ser adorados, ellos en ningún momento necesitan que les pongamos grandes altares o que hagamos rituales para venerarlos. Lo que ellos buscan y nos repiten constantemente es que busquemos a Dios, pero no afuera, no en las iglesias, ni en el cielo. LOS ÁNGELES NOS PIDEN QUE BUSQUEMOS A DIOS EN NUESTRO INTERIOR.

Pareciera que la plegaria eterna de los ángeles es «*voltea tus ojos hacia adentro, busca en tu corazón, reconoce tu naturaleza, tu esencia, porque es ahí y solo ahí en donde encuentras a Dios*».

Parece ser que en el camino de encontrar a Dios tenemos que vernos y reconocernos a nosotros mismos, tenemos que aprender a observarnos, a respetarnos, a amarnos. Se dice fácil, a veces no lo es.

Y es ahí cuando empiezas a sentir este amor, en el que descubres que Dios habita en ti, que eres parte de su creación, que Él te creo perfecto a su imagen y semejanza, con su misma naturaleza. Es ahí cuando reconoces tu naturaleza Divina, cuando realmente te encuentras con Dios cara a cara y te dice: «Me has buscado todo este tiempo y estuve contigo todo el camino».

## *Dios vive en todos y cada uno de ustedes*

*Queridos míos:*

*Se preguntan constantemente ¿dónde está Dios?, ¿dónde lo encuentran? Siguen sintiendo que Dios es una entidad separada de ustedes, siguen pensando que Dios vive en el cielo; incluso algunos de ustedes, cuando hablan con Él, voltean los ojos hacia arriba.*

*En esta ocasión queremos que tomen conciencia de la presencia de Dios en el TODO; y cuando hablamos del TODO estamos hablando de toda la materia existente, incluyendo aquello que quizá te pueda parecer poco digno de Él.*

*LA MATERIA ES, SIMPLEMENTE EXISTE y Dios está vivo en la MATERIA; por lo tanto, DIOS EXISTE.*

*¿Cómo puede existir Dios en toda la materia, incluyendo aquella parte que a tus ojos humanos pudiera ser juzgada como «negativa»? Pues sí, Dios nos recuerda la perfección de lo imperfecto como parte del proceso de aquello que cada uno de ustedes dispuso crear en su vida, para continuar con la evolución de su alma.*

*Si consideramos que Dios está en todo, que el todo forma parte de una sola entidad que es Dios, podemos considerarnos como pequeñas partículas de esa gran entidad. Siendo así, todos formamos parte de lo mismo, de un solo cuerpo… de tal manera que cualquier acción que tomemos repercutirá en el TODO, afectándolo de manera positiva o negativa.*

*Te pedimos, te exhortamos a que no te olvides de los siguientes conceptos:*

*TODOS SOMOS PARTE DE LA MISMA ENERGÍA (incluyendo a los ángeles). Es decir, somos uno; al hacerte consciente de esto te harás consciente también de que al afectar a uno, afectas a todos.*

*TODOS SOMOS PARTE DE DIOS. Esto implica que Dios, la Divinidad, vive en cada uno de nosotros, y cuando sean capaces de ver a Dios en cada persona, en cada animal, en cada planta, en cada cosa de su universo, entenderán el verdadero concepto del amor incondicional.*

*DIOS tiene la capacidad de transformar la materia y ¡es ahí donde ocurren los MILAGROS!*

*No se olviden de que Dios vive en cada uno de ustedes. Con esta confianza de ser parte de su creación, fluyan en su caminar por la vida, sabiendo que TODO ESTÁ EN ORDEN DIVINO.*

*Los acompañamos hoy y siempre.*

*Arcángel Miguel*

## Contratos de vida y misión última

Ya lo he expresado anteriormente en este libro, venimos a aprender, elegimos diferentes facetas de la vida humana para tener experiencias que nos ayuden a conocernos más y a evolucionar de manera consciente.

Al parecer es Dios, vivo en cada uno de nosotros, quien se experimenta a sí mismo a través de nuestras vidas para llegar en todos los casos a lograr una misión última: el amor incondicional.

No se trata de un castigo que hayamos elegido en determinada vida o con determinadas circunstancias, estamos aquí para experimentar el amor en todas y cada una de sus facetas. Eso incluye los momentos de dolor y de desesperación. Nuestra misión es aprender de estos momentos para trascenderlos y convertirlos en energía amorosa, de ayuda y servicio hacia los demás.

A veces estas ideas nos resultan difíciles de entender, sobre todo cuando queremos explorarlas desde un razonamiento totalmente humano. Para lograr comprenderlas, necesitamos dejar de vernos a nosotros mismos como simplemente humanos viviendo una experiencia espiritual y comenzar a vernos como seres espirituales viviendo una experiencia humana.

Para poder entender con más claridad tu misión de vida, es necesario voltear a ver tu pasado. ¿Cuáles fueron las circunstancias que viviste en tu infancia que te generaron dolor? ¿Cuál fue y ha seguido siendo la constante en tu vida? ¿Qué has tenido que aprender de estas circunstancias? Concretamente, ¿cuáles han sido tus lecciones?

Las heridas que tuvimos en nuestra infancia no tienen que ver siempre con hechos desastrosos, ni con situaciones terribles. No es tanto el hecho, sino la forma en la que como niños vivimos la situación. Normalmente las heridas tienen que ver con sentimientos que en ese momento no alcanzamos a procesar, porque no teníamos herramientas suficientes para hacerlo y se quedaron en nuestro sistema como lesiones muy profundas y dolorosas.

Una herida de abandono no necesariamente tiene que ver con que te dejaron en la puerta de un orfanatorio, puede ser que te dejaron llorar toda la noche en la cuna y tú, al verte solo y desamparado, sentiste que te morías.

Todo aquello que aprendiste en esas lecciones que viviste fueron forjando en ti la persona que eres hoy; cada uno de tus dolores, cada una de tus lecciones te dio un instrumento, una nueva capacidad, un talento, un don. Cuando seas capaz de descubrir esos dones en tu interior, tu misión de vida se desplegará ante ti con una claridad impresionante. Ahí donde estuvo tu dolor más profundo, es donde está tu aprendizaje y ahí donde está tu aprendizaje, está tu misión de vida.

*Sin duda, llegar a conocer y a aprender sobre mis propias heridas no fue un trabajo fácil, requirió de mucha introspección y de soltar el dolor que acompañaba dichas lesiones. A lo largo de mi caminar personal y espiritual he descubierto que tengo tres heridas muy marcadas; mis padres se divorciaron cuando yo tenía cuatro años, eso implicó que termináramos viviendo, mi mamá, mis hermanas y yo, en un país diferente a donde vivía mi papá. Esta lejanía me generó una profunda herida de abandono. Aunque en realidad fuimos nosotras quienes dejamos la casa, la niña de cuatro años solo pensaba que era su papá quien la había abandonado, quien ya no la había buscado, quien no la había rescatado.*

*Por otro lado, llegamos a vivir a México a casa de mis abuelos, una casa enorme en donde siempre había mucha gente; ahí crecí, en medio de una familia bulliciosa, rodeada de primos, tíos, abuelos, mientras mi mamá trabajaba. En medio de tanta gente y lejos de los ojos de mi madre, crecí en un entorno seguro y lleno de cariño, pero me hizo falta sentirme más vista y cuidada por mi mamá.*

*Por último, en algún momento, en medio de todo este barullo llegué a sentir que no encajaba del todo, que no pertenecía al 100% y esto me generó una herida de rechazo.*

*Una imagen que fue muy recurrente en este camino de sanación fue el recuerdo de un día que decidí meterme a un clóset para ver si alguien se daba cuenta de que no estaba y me buscaba. En realidad, no tengo ni la más remota idea de cuánto tiempo estuve escondida, quizá fueron solo unos cuantos minutos, que a mis 7 u 8 años me parecieron horas, pero ese día llegué a la conclusión de que «nadie me veía».*

*Al pasar el tiempo, estando en un curso de abundancia y mientras hacía el ejercicio del corazón con la plastilina, el arcángel Jofiel comenzó a mostrarme mis heridas, me pidió que las plasmara en mi corazón, después me dijo que de esas heridas florecían mis dones. Me pidió que pusiera una flor sobre cada herida y mientras lo hacía me explicó que, gracias a mi herida de abandono, yo aprendí a ser muy independiente y autosuficiente; gracias a mi herida de no ser vista he hecho cosas muy grandes en mi vida como correr maratones y escribir libros; gracias a mi herida de rechazo he aprendido a amarme a mí misma, a valorarme y a respetarme.*

*Posteriormente, en un curso avanzado de angeloterapeutas, todavía lo llevaron más profundo. Ese día, en una meditación de misión de vida, percibí un mensaje donde Dios me decía que tenía que vivir esa aparente falta de amor que había sentido en mis primeros años, porque claro que sí hubo mucho amor, solo que no era el amor incondicional que, siendo niña, me hubiera gustado tener; y fue esta falta de amor que sentía la que me obligó a voltear los ojos al cielo y buscar el amor en mis ángeles. En esa meditación se me mostró cómo nunca estuve sola; esa vez que lloraba extrañando a mi papá o cuando me encerré en el closet, siempre estuvieron los ángeles acompañándome y dándome ese amor. Tenía que buscar el amor incondicional y tenía que encontrarlo en Dios y en los ángeles para después enseñar a otros que este amor maravilloso, eterno, incondicional, ilimitado, sí existe y está al alcance de todos. Y esa es justo mi misión de vida.*

## EJERCICIO N.º 20: MISIÓN DE VIDA

Busca un lugar en el que puedas estar tranquilo y en paz; puedes poner música de fondo para meditar.

1.  Haz una respiración profunda y concéntrate en tu ritmo respiratorio, haciéndolo cada vez más lento y de manera más consciente.

2. Vuelve a inhalar profundamente y esta vez centra la atención en el peso de tu cuerpo. Empieza por sentir cuán pesada es tu cabeza y la presión que ejerce sobre tu cuello, el peso de tus hombros, de tus brazos, hazte consciente de tu posición, en dónde recae el peso de cada una de las partes que te conforman; sobre qué están haciendo presión. Con tu mente, haz un recorrido por todas las partes de tu cuerpo; si te es más fácil, imagina que este se va pintando de algún color.

3. Sigue respirando despacio, profundamente y visualiza cómo empiezan a crecer raíces de tus pies... ¿Cómo son estas raíces? ¿Son frágiles o fuertes? ¿De qué color son? ¿Son delgadas o anchas? Al ritmo de tu respiración observa cómo crecen atravesando el piso, la tierra... Sigue respirando y sigue viendo el crecimiento de tus raíces hasta llegar al centro de la Tierra.

4. Nota cómo, con cada respiración, jalas energía desde el centro de la Tierra y la llevas hasta tus pies; con cada inhalación permites que esta energía suba por tus piernas, tu cadera, tus glúteos, tu espalda, tu torso, tu cuello, tu cabeza. Todo tu cuerpo está conectado con la Tierra, estás arraigado, eres uno con la Tierra.

5. Sube la atención a tu coronilla, justo al centro de tu cabeza y desde ahí observa cómo te conectas con el Cielo.

6. Ahí donde estás, obsérvate arraigado, iluminado, conectado con el Cielo y con la Tierra, observa cómo viene hacia ti una esfera de luz, al irse acercando, va cambiando su forma y se va convirtiendo en un ángel.

7. Permítele que llegue frente a ti. Obsérvalo. Pon las palmas de tus manos hacia arriba y siente su energía.

8. Tu ángel está aquí para llevarte a un viaje especial, toma su mano y permítele levantar el vuelo; ahora empiezan a viajar juntos, a elevar-

se, cada vez más alto, cada vez más lejos. Atraviesan las nubes y siguen subiendo y siguen avanzando.

9. Allá a lo lejos, ves un castillo dorado. Tu ángel te dirige hasta la puerta del castillo y te invita a entrar. Al entrar te sorprendes de que hay muchas puertas que te van a llevar a diferentes lugares. Tu ángel te muestra la puerta que tienes que abrir. Al entrar a este espacio del castillo te encuentras en una gran biblioteca. Hay miles, millones de estantes con libros, todos iguales, pero tienen nombres diferentes en los lomos. Tu ángel te va guiando por los pasillos de esta enorme biblioteca. Pasan cientos de estantes, hasta que finalmente se detienen frente a uno.

10. Ahí, te muestra un libro que tiene escrito tu nombre en el lomo. Lo toma y lo pone sobre una mesa de consulta. Tu ángel abre el libro y empieza a pasar las páginas. Miras sorprendido que en ese libro está escrita la historia de tu vida, todo, todo lo que te ha sucedido está escrito ahí. Las situaciones que has vivido, las circunstancias en las que se dieron dichas situaciones, las personas con las que has interactuado, los sentimientos que acompañaron dichas situaciones y las lecciones que aprendiste.

11. Finalmente, tu ángel se detiene en una página y te la muestra. En esta página está escrito de manera clara cuál es tu aprendizaje en esta vida... El cúmulo de situaciones que has vivido, ¿qué te han llevado a aprender? ¿Cuál es tu misión de vida? ¿Qué es lo que vienes a compartir con el mundo? Tómate tu tiempo para leer esta parte del documento.

12. Si hay alguna circunstancia en tu vida que no entiendes del todo, es momento de preguntarle a tu ángel y pedirle que te muestre qué dice tu libro acerca de esa circunstancia. ¿Para qué sucedió o está sucediendo esto en tu vida? ¿Qué tienes que aprender de esta situación?

13. Es momento de regresar. Tu ángel cierra tu libro y lo vuelve a poner en el estante. Te toma nuevamente de la mano para emprender el camino de regreso. Recorren juntos la biblioteca hasta que llegan a la puerta que te regresa al castillo. Caminas nuevamente por los pasillos del castillo, ahora en dirección contraria, sales, y junto con tu ángel, vuelas de regreso hacia tu cuerpo físico.

14. Es momento de despedirte de tu ángel, de agradecerle todo este maravilloso viaje y la claridad que te brindó haber visto tu libro de vida. Observa cómo se convierte nuevamente en una esfera de luz. Regresa a ti, a tu cuerpo, a tu respiración.

15. Cuando estés listo, abre tus ojos.

## El concepto aprendido de Dios

Yo crecí en el seno de una familia católica y aunque mi formación religiosa no fue tan estricta, aprendí que *me tenía que portar bien*, de lo contrario, *Dios me iba a castigar*. También me enseñaron a tener miedo de Dios. Una frase que escuché mucho en casa de mi abuela fue «no tiene temor de Dios». Se nos presentaba a un Dios omnipresente, omnipotente, poderoso, el cual, si no agradábamos, podía descargar toda su furia sobre nosotros y castigarnos, en caso de ser necesario.

Cuando empecé mi camino espiritual de la mano de los ángeles, me sorprendí al darme cuenta de que ellos me hablaban de un Dios diferente, un Dios amoroso que nos ama incondicionalmente, sin importar quiénes somos, ni qué hemos hecho; un Dios que no espera nada de nosotros, más que le abramos el corazón y aprendamos a amar como Él nos ama; un Dios luminoso que está deseoso de bañarnos con su luz cada mañana.

Actualmente me sigo asombrando con algunos comentarios que me ponen en mis redes sociales, en donde me señalan que por creer en los ángeles seguramente me voy a ir al infierno o donde me externan que creen que somos una secta en donde adoramos a los ángeles y dejamos a Dios a un lado. En algunas publicaciones incluso me llegan a insultar por no pensar o sentir igual que algunas personas. Cuando leo estos comentarios me pregunto *¿cómo podemos ser tan negativos con un Dios tan positivo? ¿Cómo se puede hablar de Dios inmersos en tanto miedo?*

Y es justo esta falta de respeto de las creencias ajenas lo que nos ha llevado durante siglos a vivir guerras en el nombre de Dios. Él me muestra que no hay nada más absurdo que eso, Él es un Dios de amor, su mayor enseñanza es que nos amemos los unos a los otros, así, con ese respeto y esa compasión con la que Él nos ama.

## Hay tantos caminos para llegar a Dios como seres humanos existimos

Estoy convencida de que no existe un solo camino para llegar a Dios; hay tantos caminos como seres humanos existimos. Y de verdad, no hay solamente un camino correcto para llegar a Dios, el único camino realmente correcto es aquel que sí te lleva a Él.

Si tu camino es una religión en particular, es maravilloso; si tu camino es a través del ayuno y la meditación, es maravilloso; si encuentras a Dios en la naturaleza o en practicar yoga, también es maravilloso. Si tu camino para encontrar a Dios es a través de los ángeles, también es perfecto. No importa cuál es el camino que tomes si te encuentras a Dios en él.

Lo que sí es importante es que, elijas el camino que elijas, NO TE QUEDES EN LAS FORMAS. Cuando digo esto me refiero a que no te quedes en la estructura, ni en el deber ser del camino, sino que realmente busques y encuentres a Dios.

Existen muchas personas que siguen los dogmas de la religión al pie de la letra; sin embargo, por estar tan enfocados en cumplir con todos estos requisitos se olvidan de que el objetivo más importante de una religión es el encuentro con Dios.

*Hace muchos años intenté tener un centro holístico que se llamaba Anxelli; un día lleno de actividades me di cuenta de que Dios estaba en todo; iniciábamos con yoga Kundalini muy temprano y ahí encontré a Dios. Más tarde, Mary Sendra, gran maestra y entrañable amiga, nos guio en una meditación y nos dio una bendición Deeksha; ahí también lo encontré. Ese mismo día di una angeloterapia, por supuesto que también estaba ahí. Por la tarde, mi gran amigo Pedro Saad, nos dio una plática de filosofía védica y oramos «Hare Krishna», y sí, Dios también estuvo ahí. En medio de todas las actividades, asistí a una misa de difuntos y por supuesto que encontré a Dios y por la noche regresé a tomar Vinyasa yoga y también encontré a Dios.*

*Ese día en particular, fue cuando entendí que la diversidad de caminos para llegar a Él es infinita y que solamente tienes que abrirle el corazón para que entre. Él encontrará la manera correcta para llegar a ti.*

Desde esta premisa, es importante entender que todos los caminos son correctos. No debemos juzgar ni señalar un camino como incorrecto, porque Dios es perfecto y su forma de mostrarse ante cada uno de nosotros también lo es. Dios es tan grande, tan omnipotente, que tiene esta capacidad de manifestarse ante cada uno de nosotros de la manera en la que cada quien lo pueda entender.

Alguna vez, en una de sus conferencias, escuché a Deepak Chopra decir que *cada quien es el creador de su propio Dios*; en el momento en el que lo escuché no lo entendí; hoy lo entiendo como que Dios es **uno** y su forma de manifestarse ante nosotros es infinita.

## Dios te ama incondicionalmente

No importa quién seas, quién hayas sido, qué hayas hecho mal o bien y qué concepto tengas de ti mismo, en todo esto solo existe una verdad: DIOS TE AMA. No necesitas hacer nada, absolutamente nada para recibir el amor de Dios, Él ya te ama desde el momento en el que te creó y te sigue amando, pase lo que pase, de manera **incondicional**. Para él, tú eres parte de su creación, estás hecho a su imagen y semejanza y vive en ti. ¿Cómo no te va a amar? Para sus ojos (y los ojos de los ángeles) tú eres un ser perfecto; Él ve en ti solamente la luz resplandeciente que brilla en tu interior, solamente tu esencia más sublime que está hecha de su misma materia: el amor.

Dios sabe que eres muy valiente al estar viviendo esta experiencia humana, sabe que viniste a experimentarte, a vivir y a aprender de tus errores; sabe que te vas a equivocar no una, sino mil veces. Sabe cuántas veces te vas a tropezar, a caer, a lastimar, a sentir culpable, a arrepentir, a pedir perdón y a perdonar. Él está junto a ti siempre, al igual que tus ángeles, y cuando peor te sientes con respecto a ti mismo, cuando de verdad tú no puedes amarte porque te juzgas, te criticas o te exiges de más, Él te ama todavía más. Es cuando te ve con mayor compasión y ternura, cuando se da cuenta del trabajo que te está costando, más te abraza; cuando sientes que ya no puedes más y que no puedes mantenerte en pie, es cuando te sostiene. Dios no nos juzga, nos ama profundamente, nos ve con compasión, sabiendo que estamos aquí para aprender y que la única forma en la que vamos a hacerlo es equivocándonos.

Dios siempre te está hablando, te habla a través del sonido del viento, del latido de tu corazón, de las hojas de los árboles, del agua que corre, a través de tu prójimo, a través de señales, a través de sus pequeños y grandes milagros. Abre tu corazón y escúchalo. Dios te ama y te lo quiere recordar a cada momento.

*Hace unos meses, dando el curso de abundancia y justamente cuando trabajábamos el séptimo chakra en una meditación, sentí como si Dios me empezara a cantar al oído. ¡Fue hermoso! No me pude aprender la tonada de la canción, pero sí transcribí la letra que aquí les comparto:*

### *Eres mi más grande tesoro*

*Déjame entrar en tu vida y ser yo quien guía tus pasos.*
*Déjame entrar en tu vida y ser yo quien respira en tu aliento.*
*Déjame entrar en tu vida y ser yo quien late en tu corazón.*

*Entiende que somos uno,*
*que eres mi tesoro, mi grandeza y mi sol.*
*Entiende que somos uno,*
*tú eres mi más grande amor.*

*Todo lo que existe ya está en tu interior,*
*eres el mundo, la luz y el universo;*
*eres magia pura en el corazón.*
*Eres sol, agua, nieve, eres luna y eres Dios.*

*Eres el amor en mi corazón y eres la luz en el mundo.*
*Eres yo y yo soy tú, ¡qué difícil de entender!*
*Eres tú y yo soy yo, ¡ya te lo dije al revés!*
*Eres la luz de mi vida, mi respiración.*
*Vivo afuera de ti y también vivo en tu interior.*

*Te amo, entiéndelo, eres mi todo, mi Dios.*
*Cómo es que yo te lo digo si tú eres el hombre y yo el Dios.*

*Te amo, entiéndelo, mi niño; eres mi hombre, eres mi Dios.*
*Recibe mi amor y mi bendición.*
*Déjame acompañarte, déjame guiarte,*
*déjame ser yo el que camine en tus zapatos*
*y haga latir tu corazón.*

## Invitar a Dios a ser parte de tu mundo

He descubierto que la verdadera abundancia la encuentro cuando invito a Dios a ser parte de cada aspecto de mi vida. Cuando Dios deja de ser una entidad separada de mí y se convierte en parte activa de mi vida y de lo que soy y de lo que hago, toda mi existencia adquiere un sentido diferente. Es cuando los pequeños y grandes milagros empiezan a ocurrir y todo simplemente fluye y se acomoda.

Es por eso que todos los días, en mi meditación de la mañana, le pido que llene de luz cada aspecto de mi vida:

- Que se convierta en mi sustento, en mi administrador, en mi asesor financiero y en mi socio capitalista.
- Dios es mi jefe, mi socio y mi compañero de trabajo. Yo soy su instrumento Divino. Entiendo que mis proyectos son en realidad suyos y que yo soy solamente un instrumento para que los lleve a cabo. Siendo así, nada puede fallar.
- Dios vive en cada una de mis células, Él se encarga de que cada parte de mi cuerpo funcione a la perfección.
- Dios vive en mis relaciones, está vivo en el amor que comparto y en el vínculo que me ata a cada persona; esta luz presente fortalece mis vínculos y los hace todavía más profundos, más intensos.
- Dios habla a través de mis palabras, cada una de ellas está bañada con su luz; mis palabras sanan, transforman, crean.

- Dios vive en mí, en mis sentimientos, en mis pensamientos y en todo lo que yo soy.

## *Poniendo los problemas en la luz*

*Queridos míos:*

*Cuando les hablamos de llenar de luz o de poner en la luz una situación, significa entregar esa situación en particular a Dios. Esto es sinónimo de rendirse, pero no desde la perspectiva de dejar de luchar, sino entendiendo que hay una fuerza que es mucho más poderosa y que puede lograr lo que ustedes desde su humanidad no pueden hacer.*

*Rendirse, entonces, es entregar a Dios los problemas, pedirle al Padre su amorosa guía y su presencia para solucionarlos de la mejor manera, siempre en la conciencia de que Su perspectiva es infinitamente más amplia que la visión humana.*

*Cuando se hace este acto de entrega, cuando se pone un problema en las manos de Dios, es decir en la Luz, todo puede suceder: desde un cambio pequeño, hasta una completa transformación en la vida de la persona.*

*Es por eso que hoy les decimos que si piden ayuda a Dios para solucionar un problema, si ponen una situación particular en sus manos, no esperen soluciones tibias o a medias. No esperen que Dios simplemente «aplaque las aguas», ni que les ayude a callar aquello que es necesario decir. Si pides la ayuda de Dios, no importa el tamaño del problema, Dios le dará una solución.*

*Si pones tu vida o un aspecto de tu vida en sus manos, te pedimos que confíes; a veces Dios arrancará de tajo lo que no sirve en tu vida, otras veces demolerá lo viejo para construir lo nuevo, se*

*llevará lo que ya no corresponde y/o te alejará de aquellas circuns-*
*tancias que bloquean tu crecimiento.*

*A veces, en sus procesos de apego y su dificultad para enfren-*
*tarse y/o aceptar los cambios, les cuesta trabajo aceptar el proceso*
*que conlleva la transformación.*

*Cuando, tras haber puesto una situación en manos de Dios,*
*tras haber orado o meditado para encontrar una solución, te en-*
*cuentras en un momento de caos, no dudes, es Dios llevándose*
*aquello que estorba para la construcción de todo lo nuevo y posi-*
*tivo que llegará a tu vida.*

*¡Confía! Todo es parte de un proceso en el cual Dios te tiene*
*reservado algo mejor.*

*Te amamos y te acompañamos siempre.*
*Arcángel Jeremiel*

---

### EJERCICIO N.º 21: UN ENCUENTRO CON DIOS.
### ENTREGAR TUS SUEÑOS

---

Busca un lugar en el que puedas estar tranquilo y en paz. Puedes poner
música de fondo para meditar.

1. Haz una respiración profunda y concéntrate en tu ritmo respiratorio, haciéndolo cada vez más lento y de manera más consciente.

2. Vuelve a inhalar profundamente y esta vez centra la atención en el
   peso de tu cuerpo. Empieza por sentir cuán pesada es tu cabeza y
   la presión que ejerce sobre tu cuello, el peso de tus hombros, de
   tus brazos, hazte consciente de tu posición, en dónde recae el
   peso de cada una de las partes que te conforman; sobre qué están
   haciendo presión. Con tu mente, haz un recorrido por todas las
   partes de tu cuerpo.

3. Sigue respirando despacio, profundamente y visualiza cómo empiezan a crecer raíces de tus pies... ¿Cómo son estas raíces? ¿Son frágiles o fuertes? ¿De qué color son? ¿Son delgadas o anchas? Al ritmo de tu respiración observa cómo crecen, atravesando el piso, la tierra... Sigue respirando y sigue viendo el crecimiento de tus raíces hasta llegar al centro de la Tierra.

4. Nota cómo, con cada respiración, jalas energía desde el centro de la Tierra y la llevas hasta tus pies; con cada inhalación permites que esta energía suba por tus piernas, tu cadera, tus glúteos, tu espalda, tu torso, tu cuello, tu cabeza. Todo tu cuerpo está conectado con la Tierra, estás arraigado, eres uno con la Tierra.

5. Sube la atención a tu coronilla, justo al centro de tu cabeza y desde ahí observa cómo te conectas con el Cielo.

6. Desde tu coronilla visualiza el eje de luz que te conecta con el Cielo y comienza a subir por este eje.

7. Continúa subiendo hasta llegar al espacio del amor incondicional. Este es el espacio en donde viven los seres de luz, ángeles y arcángeles. Haz una pausa y observa este espacio. ¿Cómo es? ¿A quién te encuentras aquí? ¿Cómo te reciben? Quédate unos minutos aquí, interactuando con tus ángeles, recibiendo todo su amor y su energía.

8. Es momento de continuar, sube un poco más por tu eje de luz y te vas a encontrar con una puerta dorada. Ábrela y entra. Adentro de este espacio te encuentras con Dios. Como quiera que lo veas, como quiera que lo entiendas está bien. ¿Cómo te sientes al estar en su presencia?

9. Lo primero que hacemos al estar frente a Dios es agradecer; agradece todo, todo lo que eres, todo lo que tienes, todo lo que ya viene para ti.

10. Ahora ábrete a recibir su amor. Deja que Dios te envuelva en su maravillosa Luz Divina y que te enseñe a través de este abrazo lo mucho que te ama. Quédate aquí por unos minutos disfrutando de su presencia.

11. Dios te muestra sus manos y te pide que pongas en ellas todo aquello que te preocupa, lo que te roba la paz, lo que necesitas; también pon en sus manos tus deseos y tus sueños. Ve repasando cada uno de tus chakras, cada aspecto de tu vida y ve poniendo en manos de Dios todo aquello que has visualizado.

12. Observa cómo Dios toma todo lo que tú le estás dando, con amor, con ternura, con compasión. Cada uno de tus sueños está en sus manos.

13. Dios comienza a bañarte en su Luz Divina. Siente esta luz caer sobre ti, entrar en ti, llegar a cada una de tus células. Quédate unos minutos en esta Luz.

14. Ahora, observa cómo esta luz hermosa va bañando cada uno de tus sueños, observa cómo esta luz va llegando a cada rincón de tus anhelos y a cada deseo que ha nacido de tu corazón. Observa tus sueños realizados y bañados en la Luz de Dios.

15. Agradece nuevamente. Es momento de retirarte, siempre en la confianza de que Dios está junto a ti y te acompaña a cada momento.

16. Sal de esta habitación, atraviesa la puerta dorada y empieza a descender. Pasa nuevamente por el espacio del amor incondicional y continúa tu descenso.

17. Llega a tu cuerpo, a tu respiración, inhala y exhala. Mueve tus manos y pies y cuando estés listo abre los ojos.

### *Abre tus alas*

*Querido mío:*

*Hemos visto tu caminar y estamos asombrados de todo lo que eres, de todo lo que has avanzado y de lo mucho que has crecido. Te honramos, te reconocemos como un ser hermoso, valiente, lleno de Luz. Sabemos que cuando te decimos esto te haces pequeño y te apenas. Solo te queremos recordar que nosotros no buscamos adularte, vemos tu grandeza en cada una de tus acciones, vemos el amor que existe en tu corazón y la forma en la que has aprendido a compartir este amor con los que te rodean. Vemos tus esfuerzos por avanzar, por ser cada día mejor y por crecer.*

*Solamente queremos recordarte que eres un ángel en proceso, tú también eres parte de la creación de Dios, tú también eres un ser radiante y luminoso como nosotros y tú también tienes alas para volar (aunque no lo creas y no las puedas ver).*

*Por eso te pedimos que abras tus alas y vueles alto, date permiso de soñar y confía en que juntos, tú, nosotros los ángeles y Dios, llegaremos muy lejos.*

*Te amamos incondicionalmente.*
*Hoy y siempre.*
*Tus ángeles*

# Mi manifestación
## al terminar este libro...

Gracias Dios, gracias ángeles, gracias universo, por permitirme seguir viviendo en estado de gracia, porque todas y cada una de mis necesidades y deseos son satisfechos en tiempo y forma. Gracias Dios por mi trabajo, porque me llena de luz y de satisfacciones, porque cada día llego más y más lejos con mis libros, mis videos, mis conferencias, mis cursos. Gracias Dios por la publicación de mi segundo libro, porque Ángeles en tu Vida sigue creciendo y seguimos siendo una gran familia, porque trabajamos en conjunto y logramos abrir muchos corazones. Gracias Dios por mis finanzas sanas y la linda casa en donde vivimos mis hijos y yo. Gracias Dios por las nuevas oportunidades de negocio y porque el dinero llega de fuentes esperadas e inesperadas, brindándome seguridad y dándome la libertad económica que deseo. Gracias Dios por los viajes realizados con mis hijos y mi pareja. Gracias Dios por mi salud. Gracias Dios por mi cuerpo que cada día es más sano, más fuerte, más rápido y llega más lejos. Gracias Dios porque me veo cada día más joven y más bonita. Gracias Dios por mi sexualidad que vivo plenamente. Gracias Dios porque cada día me conozco más y me afirmo más en la persona que soy. Gracias Dios porque me has enseñado a valorarme, a quererme, a amarme. Gracias Dios por haberme dotado de todas y cada una de mis cualidades; por haberme hecho única e irrepetible, por haberme hecho a tu imagen y semejanza y por nombrarme tu hija. Gracias Dios porque tú me valoras y me amas tal cual soy y con eso me enseñas a amarme y a valorarme a mí misma. Gracias Dios por permitirme sentir con intensidad, por saber que estoy viva, por dejarme usar mis sentidos como termómetro de mi ser. Gracias Dios por mis relaciones, por las personas que me rodean, a quienes amo y me aman. Gracias por mis hijos, por el papá de mis hijos, por mi pareja, por mis hermanas, por sus familias, por mi papá, por la presencia continua de mi mamá, por mi familia, por mis amigos y por todos aquellos a los que amo. Gracias Dios por mi relación de pareja en donde reina el amor, la fidelidad, el respeto, la diversión y la alegría. Gracias Dios por todo el amor que emana mi corazón, por mi capacidad de amar y mi capacidad de hacer brillar la luz de mi interior. Gracias Dios por haberme enseñado a abrir el corazón y a vivir con el corazón abierto. Gracias Dios por mis comunicaciones, porque tengo canales de comunicación claros y precisos con las personas. Gracias por mi empatía y mi capacidad de ser compasiva y entender. Gracias porque soy buena escucha y porque expreso y sostengo mi verdad. Gracias Dios porque me haces valiente. Gracias Dios por mi inteligencia, mi sabiduría, mi capacidad de seguir aprendiendo cada día. Gracias Dios por mi intuición, por mi capacidad de ver y de sentir a los ángeles y arcángeles, por mi capacidad de recibir guía divina y escucharlos. Gracias Dios por tu presencia constante en mi vida, por permitirme vivir en ti y tú en mí. Gracias Dios por tomarme de la mano y llevarme a vivir mis sueños. Gracias Dios por tu amor, por bailar conmigo, por cantarme, por sorprenderme cada mañana y hacerme sentir profundamente amada por ti. Gracias Dios por sostenerme, por mantenerme, por ser mi sustento cada día. Gracias Dios por vivir en mí y por permitirme ser parte de lo que tú eres. Gracias Dios por demostrarme mi grandeza, por enseñarme que el universo entero vive dentro de mí. Gracias por permitirme ser espiritual y enseñarme todo lo que soy capaz de hacer. Gracias Dios por vivir cada día en mí y en mi vida.

GRACIAS, GRACIAS, GRACIAS... ¡TE AMO DIOS!

Siempre tuya, Angélica

Te invito ahora a que realices tu propia manifestación a Dios.

Puedes ser tan extenso o breve como lo desees.

_____

_____

_____

_____

_____

_____

_____

_____

_____

_____

_____

_____

_____

_____

_____

_____

_____

_____

# Instrucciones de vida

Queremos darte de una sola vez los secretos para vivir en plenitud. Es muy sencillo:

RÍETE: ríe todo lo que puedas, recuerda que estás en esta vida solo de paso; esto es un juego, no lo tomes tan en serio. Ríete de todo: de ti, de los otros, de tus circunstancias. No dejes de reír y de encontrar lo divertido en cada situación. Queremos verte feliz, pleno y que contagies, que irradies esa alegría hacia los demás.

AMA: ama a todos y a todo. Comparte todo el amor incondicional que llevas dentro, comparte toda esa luz que has encontrado en el corazón y, al hacerlo, permite que regrese a ti multiplicado.

ÁBRETE A RECIBIR: amar también es abrirte al amor de otros. Aprécialo, atesóralo, aunque no sea tal como tú lo imaginaste.

SUELTA LAS EXPECTATIVAS: no tengas expectativas de nada. Sé que te parece difícil, pero fluye y deja que la vida te vaya llenando de bendiciones en cada paso del camino.

DEJA QUE DIOS SEA DIOS: recárgate en Él y entrégale tus problemas, en la conciencia de que Él te dará siempre una mejor solución.

RESPIRA y en cada respiración recuérdate a ti mismo que estás vivo, que hoy estás aquí en este lugar en este tiempo, en este espacio. Recuerda, a través de tu respiración, que eres un ser humano perfecto, en condiciones perfectas para una evolución perfecta.

*SONRÍE: aun en las circunstancias más adversas, recuerda que no estás solo, que estás siempre acompañado y que todo lo que sucede en tu vida es para tu más alto bien y aprendizaje.*

*CONFÍA en Dios, en los ángeles, en la vida y en ti mismo; confía en todo lo que sucede y fluye, en la fe de estar siempre sostenido, acompañado, cuidado, amado y en la certeza de que todo estará bien.*

*BRILLA: deja salir todo tu esplendor, compártelo con el mundo en la conciencia de que, al hacerlo, iluminas la oscuridad que te rodea y les das permiso a otros de brillar también.*

*Recuerda que te acompañamos siempre y que nuestro principal objetivo es que recuerdes la grandeza de tu alma y el gozo del amor incondicional que ya existe en tu corazón.*

*Te amamos siempre.*
*Arcángel Miguel*

# Datos de contacto

**Visita mi página:**

www.angelesentuvida.com.mx

**Escríbeme:**

angelica@angelesentuvida.com

**Sígueme en:**

Facebook: Angélica Bovino (escritor)
Twitter: @angelica_bovino
Instagram: Angélica Bovino

**¡Te invitamos a meditar con nosotros!**

Descarga gratis una meditación del CD
"Armonizándonos — Cuencos, Ángeles, Luz y Amor" de Angélica
Bovino y Mei Fritz http://www.angelesentuvida.com.mx/
MEDITACIONES/Meditacion2.html

**Conoce también mi primer libro:**

*Escucha a tus ángeles con el corazón*, Ediciones Urano,
México, 2014.